KB042798

마인드 리더

마인드 리더

초 판 1쇄 2023년 08월 14일

지은이 김윤경
펴낸이 류종렬

펴낸곳 미다스북스
본부장 임종익
편집장 이다경
책임진행 김가영, 신은서, 박유진, 윤가희, 정보미

등록 2001년 3월 21일 제2001-000040호
주소 서울시 마포구 양화로 133 서교타워 711호
전화 02) 322-7802~3
팩스 02) 6007-1845
블로그 http://blog.naver.com/midasbooks
전자주소 midasbooks@hanmail.net
페이스북 https://www.facebook.com/midasbooks425
인스타그램 https://www.instagram/midasbooks

ISBN 979-11-6910-298-8 03190

값 **17,000원**

미다스북스는 다음세대에게 필요한 지혜와 교양을 생각합니다.

MIND READER

마인드 리더

김윤경 지음

마흔에 시작하는 감정 공부

미다스북스

마흔에 시작하는
감정 공부

  사춘기 아들 때문에 속이 터진다는 엄마의 전화를 받았습니다. 그녀는 아들이 무슨 생각을 하는지 알 수가 없다며 하소연하였습니다. 그녀의 답답함은 자녀와 말이 통해야 뭐라도 할 텐데, 말도 하지 않으니 어떻게 해야 하는지 모르겠다는 것입니다. 그녀의 자녀와 함께 만나기로 약속한 날이 되었습니다. 엄마의 설득에 따라온 아들과 엄마는 모자지간이 아닌 남처럼 어색해 보였습니다. 잠시 어머니를 기다리게 한 후, 저와 아이 단 둘이 이야기를 시작하였습니다. 저는 오기 싫었는데, 엄마를 따라서 온 그 친구의 마음을 먼저 공감했습니다. 제 말이 그 친구의 마음에 닿았는지 이후부터는 곧잘 자기 이야기를 해주었습니다. 친구의 불만은 엄마가 자신에게 쉴 새 없이 잔소리를 쏟아붓는다는 겁니다. 자기 마음도 몰라주면서 지레짐작해 캐묻는 엄마에게 화가 나서 말하기 싫다는 거였습니다. 아들과 소통이 되지 않아 찾아온 어머님은 남편과의 갈등으로 우울함이 큰 상태였습니다. 그녀가 불행한 결혼생활을 버틸 수 있는 것은 아들 때문이었습니다. 자신의 버팀목과 같은 존재인 아들이 사춘기가 되자 점점 자신을 외면하는 것 같아 그녀는 고통스러워했습니다.

　감정 변화가 심하고 표현에 서툰 사춘기의 자녀와 불안에 흔들리는 마흔의 부모가 만나면 가장 풀기 어려운 퍼즐이 만나는 것처럼 힘든 관계가 됩니다. 자기 감정조차 이해하지 못한 부모는 자녀의 감정을 이해하지 못할뿐더러 감정을 표현하는 기술도 가르쳐주지 못했습니다. 저는 이런 어른들과 아이들을 만나면서 감정이 남긴 상처는 개인뿐만 아니라 가족의 삶에도 많은 영향을 미친다는 것을 알게 되었습니다. 소중한 사람과의 관계가 자주 어긋나는 분, 매번 욱하는 감정대로 행동하고 후회하며 사는 분, 삶이 뜻대로 되지 않는다고 생각하는 분의 공통점은 내가 가진 감정을 나조차 모른다는 사실입니다.

　어른이 된 지금까지 우리는 감정을 이해하고 표현하는 방법을 배운 적이 없습니다. 우리는 감정을 표현하는 것이 아니라 억누르고 숨기는 것을 이성적이고 성숙한 사람으로 생각하며 살아왔습니다. 하지만 실상은 감정을 모른 채 자란 어른들은 자기를 제대로 이해하지 못해 힘들고 불안한 상태로 자기 삶을 바라봅니다. 저 역시도 상담을 배우지 않았더라면 제가 가진 감정들을 이해하지 못한 채 지냈을 것입니다. 우울하고 무기력했던 스무 살 때도 제가 왜 그렇게 힘들었는지 이해하지 못했을 것이고 오히려 남들은 잘 해내는 것들을 왜 못하는지 자신을 자책하고 비난하면서 과거에 머물러 살았을 것입니다.

세상에는 다양한 색이 존재하며, 각각의 색은 고유하고 아름답습니다. 인간의 감정도 마찬가지로 감정을 느끼는 것에는 옳고 그름이 없습니다. 우리가 느끼는 감정에는 이유가 없으며 감정을 느끼는 것은 자연스러운 것입니다. 감정을 억지로 조정하고자 할 때 문제가 생깁니다.

감정을 느끼는 것이 문제가 아니라 감정을 잘못 이해하는 것이 문제입니다. 제가 만난 감정에 서툰 이들은 자기 감정을 이해하지 못해 인간관계, 가정, 직장생활에서 많은 어려움을 겪고 있었습니다. 자신의 삶을 제대로 산다는 것은 자기를 이해하고 있다는 뜻입니다. 나이가 들면 자신의 얼굴에 책임을 지라고 합니다. 평온한 마음은 곧 얼굴에도 나타납니다. 주름이 늘어나는 나이임에도, 아름다운 사람의 모습에서는 편안함이 있기에 빛이 납니다. 마흔은 아름다운 노후도 함께 준비해야 할 시기입니다. 외적, 내적으로도 건강하게 나이 들어가기 위해서는 내 감정을 제대로 들여다보면서 감정에도 흔들리지 않는 단단한 나를 만들어가야 합니다. 내 삶에 내가 없이는 행복할 수 없습니다. 나의 감정을 이해하는 것은 삶의 주인공으로서 주체가 되는 시작입니다. 이 책이 독자들에게 자신의 감정이 건네는 말을 들어보는 시간이 되었으면 좋겠습니다.

2023년 07월 09일

당신 마음의 리더가 되시길 바랍니다.

김윤경(마음리더)

목차

4장 ___ 감정을 내 편으로 만드는 방법

5장 ___ 당신 마음의 리더가 되어라

Mind
Reader

1장

휩쓸리듯
어른이 되어버린
마흔의 고민

1. 우리가 잊고 지냈던 감정들

"행복의 한쪽 문이 닫힐 때, 다른 한쪽 문은 열린다. 하지만 우리는 닫힌 문만 오래 바라보느라 우리에게 열린 다른 문은 못 보곤 한다.

헬렌 켈러

당신은 행복을 느끼는가?

나른하고 평화로운 주말 아침 고등학생 딸아이가 저를 보며 "엄마, 엄마가 하나도 행복해 보이지 않아. 나는 어른이 되면 행복하게 살고 싶어. 엄마는 너무 재미없이 사는 거 같아!" 이런 말을 했습니다. "무슨 소리야? 엄마 엄청 행복하고 재미있게 살거든." 저는 아이의 말에 강하게 부정하며 응수했습니다. 제 대답을 다 듣고 난 아이는 고개를 저으며 제가 무엇을 할 때가 행복한지를 다시 물었습니다. 아이의 질문에 너희들이랑

밥 먹고, 이야기할 때도 라고 답을 이어가려 하자 아이는 제 말이 끝나기도 전에 "아니, 엄마! 엄마를 위해서 말이야." 합니다. 그제야 저는 아이 질문의 의미를 이해했습니다.

아이가 궁금한 것은 개인으로서 제가 언제 행복을 느끼냐는 것이었습니다. 그날 밤 아이의 말이 제 마음에 꽤 오래 남았는지 좀처럼 잠이 오지 않았습니다. 늦게까지 생각에 잠겨 아이가 물었던 질문을 저에게 다시 했습니다. "나는 언제 행복을 느끼는 것일까?", "나에게 행복이란 무엇일까?" 행복이란 단어를 알고 있지만 제가 행복을 느낀 지는 꽤 오래되었다는 사실을 깨달았습니다. 어두컴컴한 그 순간 떠오른 것은 아이들에게 행복에 대해 꽤 알고 있다는 듯 내뱉은 말들이었습니다. "행복하게 살아야지! 네가 원하는 것 하며 살아! 공부가 인생의 전부는 아니다." 세상에는 흥미로운 것들이 많다는 걸 아이에게 전하고 싶어서 했던 말들입니다. 아이들에게는 행복의 정의를 나름대로 설명했지만 정작 저는 행복을 느끼며 살아가는 모습은 보여주지 않고 있었던 겁니다. 어른으로, 엄마로서 아이들에게 제가 가르쳐주고 싶은 것은 제한적인 인생이라는 시간에서 자신의 삶을 주체적으로 선택하고 책임지는 것이 곧 행복해지는 방법이라는 것입니다. 제가 가르쳐주고 싶은 것들을 제 삶에서 실천하면 아이들은 엄마인 저의 모습을 통해 주체적인 삶을 사는 어른이 되는 방법을 이해하며 자랄 것입니다. 아이들에게 멋지게 포장된 말이 아닌 실천하는 모습으로 보여주어야 하지만 정작 지금의 저는 제 감정도 모르면서 아이에게 행복함을 느끼라고 말하고 있었던 것입니다.

아이들을 보고 있으면 작은 것에도 즐겁고, 신나 보입니다. 제 아이는 제가 써놓은 응원 메모에도 기뻐합니다. 아이가 좋아하는 음식을 해주면 고맙다고 연신 웃어줍니다. 매일 행복해하는 아이의 모습을 보면 알려주지 않았는데도, 감정을 느끼고 표현하는 것은 인간의 본능이라 생각합니다. 어른이 된 우리에게도 아이들처럼 노래 한 곡에 즐겁고, 작은 활동에 신나고, 새로운 것에 흥미로운 감정을 느끼는 순간들이 있었습니다. 어느덧 마흔이 된 지금은 이런 모습은 전혀 찾아볼 수 없습니다. 아이처럼 크게 웃었던 적이 언제였는지 기억이 나시나요? 속 시원하게 울었던 적은 또 언제인지요? 웃을 일이 없어서 웃지 못했는지, 울고 싶어도 체면 차리느라 참았는지? 모르겠습니다. 꼿꼿한 대나무처럼 어쩌다 삶에서 무엇을 느끼고 사는지도 모를 정도로 참 재미없게 살고 있구나 싶습니다. 아이 때는 마냥 행복했던 거 같은데, 왜 어른이 되면 행복이 어려운 것일까요?

당신이 행복하다고 말 못하는 이유

보통의 사람들에게 자신이 지금 행복한지에 대해서 질문하면 '행복하다' 답하기가 쉽지 않다고 합니다. 그 이유는 행복이라는 것은 아주 거창하고 원대한 목표를 이뤘을 때만 느낄 수 있다는 생각이 들기 때문이라고 합니다. 예를 들어, 금전적으로 큰 이득이 있을 때, 승진하였을 때, 자녀가 명문고, 대학을 갔을 때 등입니다. 이런 행복에 대한 생각은 매일 반복되는 일상에 있는 우리에게 행복을 멀게만 느끼게 합니다. 행복에 대한 질문을 한 제 아이는 규칙이 엄격한 보수적인 기숙 고등학교 생활을 하고 있습니다. 학교로 복귀하면 모든 전자기기를 학교 측에서 관리하며 휴대폰 사용도 차단됩니다. 인터넷 접촉은 2주에 한 번 집으로 올 때만 가능합니다. 아이가 다른 학교로 간 친구들에게 자신의 처지를 이야기하면 친구들은 세상에서 자길 가장 불쌍한 사람이라 생각하며 위로한다고 합니다. 자신보다 더 억울해하며 요즘 세상 그런 학교가 어디 있냐는 표정으로 열변을 토로할 정도입니다.

친구들의 생각과 달리 제 아이에게는 행복한 순간이 많습니다. 다이어리에 노력의 기록들이 채워질 때 뿌듯하다든지, 친구들이 매점에서 사주는 간식에 기뻐합니다. 또, 머리를 식히려 읽은 소설책도 그중 하나입니다. 아이는 자신에게 행복을 주는 것들을 설명하며 세상 누구보다 밝은 목소리와 반짝이는 눈으로 말을 합니다. 아이의 그런 모습을 보며 소소하고 짧은 순간이지만 자신에게 주는 기쁨들을 놓치지 않고 느끼고 있다는 것을 알 수 있습니다. 아이는 물질적인 큰 이득이나 대단한 결과가 아니더라도 자기에게 행복한 것들을 발견하고 느끼는 것으로 자기만의 오아시스를 채워가는 중이었습니다.

행복하다는 것은 좋은 것을 하고 있을 때 느껴지는 것을 포괄적으로 표현하는 감정입니다. 우리에게도 작은 것에도 즐거움을 느끼고, 사소한 것에도 기쁨을 알던 때가 있었습니다. 저는 서늘한 공기가 드나드는 고요한 가을밤이 주는 편안함을 사랑합니다. 분위기 좋은 카페에 앉아 라떼 한잔을 마시는 것도 아주 사소하지만 일상을 기분 좋게 만드는 방법입니다. 우리에게 주는 행복은 자기 삶의 가치관에서 벗어나지 않는 범위와 기준으로 언제 어디서나 선택할 수 있습니다.

우리가 행복해지려면 어떻게 해야 할까요? 서울대 심리학과 최인철 교수는 꽤 오랫동안 행복에 관해 연구하고 있습니다. 그는 누구나 가슴 속에 열광하는 것 하나쯤 품고 사는 것이 행복한 것이라고 했습니다. 세상 모든 것에 호기심이 있게 바라보는 아이처럼 말입니다. 그는 행복하기 위해서는 '좋은 인간관계', '자율성', '삶의 의미와 목적', '재미있는 일' 이 네 가지가 필요하다고 합니다. 네 가지 조건을 모두 채우기 위해서 가장 먼저 해야 할 노력은 자신을 이해하는 것입니다. 나 자신과 좋게 관계 맺는 법을 아는 사람은 타인과도 '좋은 인간관계'를 맺을 수 있습니다. 스스로가 선택한 일에 책임을 지는 자기조절 능력인 '자율성'도 자신의 결정을 이해해야 가능합니다. 나의 가치관을 스스로가 질문하고 답해야 나만의 세계관을 만들어 '의미와 목적'을 부여하고 '재미있는 일'을 찾아갈 수 있습니다. 위 네 가지 조건 중에 어느 것 하나 나를 이해하지 않고는 되는 것이 없습니다. 내가 나를 이해할 때, 이 모든 것들이 채워져 행복에 다가갈 수 있습니다.

나를 사랑하는 만큼 행복해진다

어른이 된 후부터는 감정을 느끼고 표현하는 것이 어색하고 서툽니다. 누군가를 칭찬하는 것도 인색할 뿐만 아니라 누구로부터 칭찬받는 것이 아이처럼 기쁘지만도 않고 때론 칭찬이 사실인가 의구심이 들 때도 있습니다. 좋은 것을 속 시원하게 표현하는 것도 경솔해 보일까 주저하게 되고 솔직하게 표현하는 게 낯섭니다. 우리는 행복하기 위해서 열심히 살아가고 있지만 정작 행복을 느끼는 것에는 소홀합니다. '소확행', 소소하지만 확실한 행복을 알아내기 위해서는 타인이 아닌 나에게 좋은 감정을 느끼게 하는 순간과 행동들을 알아차릴 수 있어야 합니다. 행복은 내가 사랑하는 것들로부터 얻어지는 감정으로, 지금 이 순간 내가 느끼는 즐거움과 기쁨이 나를 행복하게 해주는 것들입니다.

우리가 행복해지기 위해서는 가장 먼저 나를 이해하는 과정이 필요하며 그 첫 단계가 자신의 감정을 공부하는 것입니다. 그동안 놓치고 있었던 감정들이 무엇인지 앞으로 하나씩 찾아가보겠습니다. 자신의 삶을 사랑하는 만큼 우리는 행복해지고 내가 행복한 만큼 내 삶에 대한 애정도 깊어집니다.

• 나를 찾을 수 있는 감정 한 문장

> "당신에게 행복을 주는 것들은 무엇인가요?"

2. 마흔의 불안

"나이가 어리고 생각이 짧을수록 물질적이고 육체적인 삶이 최고라고 여기는 법이며,
나이가 들고 지혜가 자랄수록 정신적인 삶을 최고로 여기는 법입니다."

톨스토이

스무 살이 마흔에 남긴 것들

지금의 20대에게는 '인스타'가 있다면, 마흔 세대에게는 '싸이월드'가
있었습니다. 최근 '싸이월드'가 복원 소식을 전한 덕에 20년 전 시간으로
타임머신을 타고 돌아가는 경험을 했습니다. 당시 '싸이월드'의 미니홈피
를 통해서는 계정 주인의 감정 상태를 다양한 경로로 알 수 있었습니다.
자신만의 배경음악, 미니룸에 일상과 희망 등을 담아 꾸미기도 했었고,
지금의 마흔 세대에게는 친구와 소통하던 추억이 가득한 플랫폼입니다.

잠시나마 당시 미니홈피를 계정을 가진 마흔 세대는 지난 스무 살의 사진들을 보면서 당시에 하지 못한 것들에 대한 남겨진 아쉬움을 이야기했습니다.

한 커뮤니티 게시판에 "20대로 돌아간다면 뭐 하고 싶으세요?"라며 20대 중반의 여성이 마흔의 인생 선배에게 질문을 올렸습니다. 그 아래 댓글은 '연애, 배낭여행, 유학, 돈 모으기, 외모 꾸미기, 공부, 치아 교정, 책 읽기' 등 다양했습니다. 다시 20대로 돌아가 해보고 싶은 것들은 제각기 달랐지만 해보고 싶다고 적은 이유는 같았습니다. 지금 자신들이 스무 살에 해보지 못한 것들은 20년이 지난 후에도 아쉬움이라는 감정으로 깊이 남아 있었습니다. 하지만 현실 속에서 마흔은 새로운 것에 대한 도전을 버거워합니다.

마흔에 하고 싶은 것들은 스무 살과는 다르다

"마흔에도 도전하지 못하는 이유는 무엇일까요?", "내 나이가 벌써 마흔….", "이 나이에 무엇을, 다 늙어서." 마흔에 접어든 사람들은 이렇게 말합니다. 직장생활도 버겁고 아이들 키우는 것도 힘들고 예전 같지 않은 체력 때문이라며 마흔이 되어서 새로운 것을 어떻게 하느냐고 합니다.

"지금 그 나이라면 못할 게 없다.", "젊은데 뭐가 걱정이냐? 지금도 안 늦었다." 육십에 접어드신 어르신들은 또 이렇게 말씀하십니다. 한 살이라도 젊을 때 무엇이든 도전하지 않으면 마흔에 못한 것이 환갑에도 후회가 남는다고 말입니다. 이십 대부터 삼십 대까지는 나이를 먹으면서 한 살씩 더해지는 것에 크게 개의치 않았습니다. 스무 살에는 시간이 지나 지금 불안정한 시기가 빠르게 흘렀으면 좋겠다고 생각했습니다. 삼십 대에는 육아에 얽매여 아이들이 빨리 컸으면 좋겠다고 바랐습니다. 서른 후반부터는 마흔을 앞둔 지점에서는 마음이 많이 흔들리기 시작했고, 내 나이가 벌써 마흔이 된다고 생각하니 빨리 세월이 지나길 바랐던 시간으로 되돌아가고 싶어졌습니다.

마흔이 되니, 육십에 접어드신 어른들의 조언이 귀에 더 들어옵니다. 제가 스무 살 때, 마흔의 어른들이 하는 이야기는 그냥 스쳐 보낸 것들이 많았습니다. 대학 교수님이 해보라고 했던 것들도 귀찮고 게을러서 놓친 기회들이었고, 직장 상사가 저를 위해 해준 조언들도 잔소리로 생각했었습니다. 지금 제가 그들의 나이가 되어보니, 그들은 자신의 스무 살에 하지 못했던 아쉬움을 제가 겪지 않길 바라는 마음에 진심으로 말씀해주셨던 것이었습니다. 나이가 드니 말귀를 알아듣는 능력은 향상돼서 참 다

행입니다.

스무 살에 해보고 싶었던 것들은 스무 살이었기에 하고 싶었던 도전입니다. 지금 마흔에는 마흔에 하고 싶은 것들이 있습니다. 57세라는 나이에 사법고시 합격한 오세범 씨는 "마흔, 도전하기에 충분한 나이."라고 합니다. 그가 사법고시 합격 당시 매체 인터뷰에서 나이 때문에 도전을 망설이는 이들에게 다음과 같이 이야기를 전했습니다.

"나도 40대에 사시에 뛰어들면서 무모한 게 아닌가? 고민했다. 하지만 평균 수명이 빠르게 늘고 있고, 곧 100세까지 살게 될 날이 올 것이다. 지금까지 먹고살기 바빠 자기 인생 찾지 못했다면 이제는 진짜 무엇을 원하는지 깊이 생각해보면 좋겠다. 그것이 사회 발전에 이바지하거나 적어도 역행하지 않는다면 시장조사를 한 뒤 밀고 나가길 바란다. 새로운 일에 나서는 게 힘들게 느껴질 수도 있지만, 사업이든 직장생활이든 세상에 쉬운 일은 없다. 혹 실패를 할 수도 있지만, 결과보다 중요한 것은 과정이다. 과정이 좋으면 시차가 있더라도 꼭 좋은 결과가 따라오기 마련이다. 또 그 자체에서 즐거움을 느낄 수 있고, 주변의 시선에도 당당할 수 있다." 그는 15년간의 수험생활을 보낸 후 변호사가 되어 현재 칠순이 다 된 나이에도 활동하고 있습니다. 그가 만약 마흔에 자신이 하고 싶은 사법시험 도전을 하지 않았더라면, 현재 변호사로서의 그도 없었을 겁니다.

한국 사회는 마흔의 나이에는 인생의 전성기이거나 최정점에 올라서 있을 시기라고 생각합니다. 하지만 현실에서의 마흔은 아직도 완성되지 않은 인생 과정을 준비해가는 미숙한 나이입니다. 마흔에 우리는 완성하지 못한 많은 과제 앞에서 불안하고, 초조하며, 조바심을 내며 살아가고 있습니다. 스무 살 때는 20년 뒤 마흔에 어떻게 살아야 할지 고민하며 준비하지 않았습니다. 스무 살 때 남자는 "뭐든지 하면 되지! 이거 아니라도 다른 것도 할 수 있지!" 다짐했지만 이제 마흔이 된 남자는 "지금 이 일을 언제까지 할 수 있을까?"를 고민합니다. 스무 살 때 여자는 "굳이 뭘 하지 않아도 행복하다." 생각했지만 마흔이 된 여자는 "이제부터라도 뭘 해야겠다." 결심합니다. 마흔은 100세까지 살아갈 나의 노후를 함께 고민해야 하기에 다가올 미래를 걱정하며 매일 불안을 느낍니다. 마흔이 불안한 것은 살아갈 남은 시간을 준비하지 못해 현재를 걱정으로 채우고 있기 때문입니다.

100세 시대, 앞으로 남은 60년이 넘는 시간이 있지만, 마흔이 경제활동을 할 수 있는 시간은 이보다 훨씬 짧습니다. 스무 살 때와 지금 마흔의 시대는 너무도 많이 달라졌고 빠르게 변화하는 시기를 따라잡기 위해서는 나를 성장시키는 투자가 있어야 합니다. 앞으로 살아갈 날들을 생각하면 오세범 씨의 15년의 투자의 시간이 절대 긴 것이 아닙니다. 마흔에 하고 싶은 것들을 미리 포기하고 도전조차 하지 않는다면, 나의 환갑에도 후회와 아쉬움의 감정을 갖게 됩니다.

마흔의 하고 싶은 일들은 개인을 욕구를 채우기 위한 스무 살의 도전과는 다릅니다. 마흔에게 도전은 경제적인 부, 일, 가족, 꿈 등을 지키기 위한 투자가 될 것입니다. 마흔에 치열하게 고민하고 풀어나가는 도전은 우리의 노후를 연결 짓는 것들입니다.

마흔, 다시 시작하는 힘은 당신 마음에 있다

마흔의 새로운 도전이 망설여질 때는 20년 전 스무 살 시기를 떠올렸으면 좋겠습니다. 치기 어린 시절, 아무것도 하지 않아도 행복했던 그 시기를 돌아봐야 할 이유는 그때 우리 자신에게 남긴 메시지가 있기 때문입니다. 20년 전에 부족한 나의 모습과 달리 현재는 얼마나 성장했는지요? 게을렀던 나 자신이 성실한 어른으로 자랐고, 책임감 없는 내가 듬직한 가장이 되어 있습니다. 변변한 직장도 없어 뭘 먹고 살지 몰랐지만,

번듯한 직장 잘 다니고 있습니다. 내가 결혼은 할 수 있을까? 했지만 나를 사랑하는 배우자도 옆에 있습니다. 싸이월드의 판도라의 상자가 열렸을 때, 우리의 흑역사를 보며 용 됐다고 생각하지 않으셨나요? 스무 살의 서툰 내가 마흔의 어른이 되는 동안에 어려움을 참고 견뎌낸 경험과 노력은 고스란히 마흔의 지금 나에게 남아 있습니다. 이 힘을 믿고 도전을 해야 미래의 불안을 떨칠 수 있습니다.

최근 〈댄스 가수 유랑단〉이라는 프로를 본 적이 있습니다. 가요계의 전설이라고 불릴 법한 다섯 명의 여가수들이 짧게는 10년에서 40년 전 데뷔 시절 활동들을 재연하는 장면들을 보았습니다. 그녀들은 현재 적게는 삼십 대, 많게는 오십 대로 현재 20대들이 태어나기도 전에 활동했던 가수들입니다. 그녀들이 데뷔곡을 대중들 앞에서 노래한 후 눈시울이 붉히며 감동하는 모습을 보면서 저도 뭉클했었습니다. 만약 그들이 무대에서는 도전을 지금 하지 않았다면 후회할 순간이었겠다는 생각이 들었습니다. 그녀들의 도전처럼 우리의 삶에서 후회 없는 도전의 기록을 남겨 보시길 바랍니다. 우리가 도전할 힘은 이미 내 안에 있습니다.

몇십 년 후에, 다시 마흔의 판도라 상자가 열렸을 때는 자랑스러운 도전의 기록들을 보실 수 있도록 지금, 용기를 내시길 바랍니다.

• 나를 찾을 수 있는 감정 한 문장

"당신이 지금 도전하고 싶은 것은 무엇인가요?"
"그 도전을 생각하면 어떤 감정이 느껴지시나요?"

3. 뜻대로 되는 것 없는 마흔의 현실

"인간사에는 안정된 것이 하나도 없음을 기억하라. 그러므로 성공에 들뜨거나 역경
에 의기소침하지 마라."

소크라테스

내 마음인데 왜 내 뜻대로 안 될까?

세상일이 내 뜻대로 안 되는 것들이 참 많습니다. 부부를 닮은 새 생명
을 가지는 것도, 직장을 찾는 것도, 하물며 이사 날짜 맞추는 것까지도
내가 원하는 대로 되는 일이 별로 없습니다. 사회생활을 하면서는 뜻대
로 되지 않았던 날들도 많았고 인간관계에서도 생각지 않았던 일들도 겪
어보았습니다. 어려운 가운데서도 마음먹은 대로 딱 맞아 떨어졌을 때는
기쁨이 배가 됩니다. 마흔이 되니 세상일이 내 뜻대로 안 되는 것은 이제

자연스럽게 받아들일 수 있지만 내 마음도 내 뜻대로 안 되는 것은 여전히 힘이 듭니다.

저는 상담실을 찾은 10대부터 40대까지의 내담자들로부터 "제가 왜 이러는지 모르겠어요." 하는 말을 자주 듣곤 합니다. 학교에 가지 않는 10대 학생, 이별로 일상이 멈춘 20대, 직장에서 눈치만 보는 30대, 끊임없이 화가 나는 워킹맘 40대도 모두 마음이 뜻대로 안 되어 힘들다고 합니다. 이들은 내 마음인데도 내 뜻대로 안 되니 삶에서 이보다 더 어려운 문제가 없다고 합니다. 그들의 말처럼 내 마음이 내 뜻대로 되지 않을 때는 지금까지 잘 돌아갔던 일상들이 삐걱거리기 시작합니다. 학교에 가지 않고, 사회와 단절하고 혼자서만 지낸다거나, 술에 기대지 않으면 잠자리에 들 수 없거나, 작은 일에도 예민해지는 자신을 봅니다.

등교를 거부한 10대 학생도 자기 마음을 모르겠다고 하였지만, 학생은 친구 관계가 원만하지 못해 갈등을 겪고 있었습니다. 친하게 지낸 친구와 멀어지게 되자 소외감과 외로움을 느꼈던 것이죠. 갈등의 시작은 자신이 친구에게 마음을 베푼 만큼 상대는 해주지 않는다는 서운함 때문이었습니다. 학생은 자신의 서운함을 알아주지 않는 친구가 밉고, 친구가 자기 뜻대로 되지 않아서 힘들어했습니다. 대화도 잘 통하고 만나면 즐거운 사람이었던 연인과의 이별에 힘든 20대 여성도 떠난 연인의 그리움, 혼자 남겨진 외로운 감정 때문에 고통스럽고 힘들어했습니다. 그녀는 이별이 남긴 감정을 마주하기가 어렵고 이별을 받아들이는 과정에서 힘들어하는 자신도 미워했습니다. 자신의 경력을 쌓아온 30대 직장인은 주변의 평가에 따라 여름 장마철 날씨처럼 불안했다가 기뻤다가 감정이 파도처럼 널뛰었습니다. 동료들의 표정, 상사의 말이 자신의 예상과 벗어나면 종일 신경이 쓰여 예민해졌습니다. 작은 것들도 커다랗게 보여서 지나치게 민감하게 반응하는 자신 때문에 매일 피곤하다고 했습니다. 직장맘 17년 차, 40대 여성은 퇴근 후 연년생을 독박 육아하고 있노라면 자신도 모르게 화가 난다고 했습니다. 정신없이 바쁘게 보내는 자신을 위로해주는 이도 없고, 도와주는 사람도 없으니 억울하고 분하다고 했습니다. 매일 밤 '혼술'로 마음 달래며 하루를 마감하는데 헛헛한 마음 주체할 길 없다고 합니다.

자기가 왜 이런지 모르겠다는 그들은 각기 다른 이유로 힘들어했습니다. 그들이 말하는 내 마음을 모르겠다는 것은 자기 감정을 이해하지 못한다는 의미입니다. 스스로가 이해하지 못하는 감정으로 생긴 평소와 다른 변화는 자기 감정을 받아들이지 못했을 때 생깁니다.

내 뜻대로 안 되는 것이 정상이라고?

친구와의 관계가 소원해져 생기는 서운함, 마음이 변하여 떠난 과거 연인 때문에 생긴 아픔, 타인의 평가에서 비롯된 피곤함, 버거운 일상에서의 공허함은 그들의 상황 속에서 생기는 감정입니다. 각자의 상황에서 그들이 느끼는 감정은 모두 자연스러운 것입니다. 하지만 우리는 자연스럽게 일어나는 자신의 감정을 이해하려 하지 않습니다. 불편해지는 마음을 무조건 빠르게 없애고자 피하는 방법을 선택합니다. 억지로 지우고자 시도했던 방법은 도리어 불편한 감정을 더욱 증폭시킬 뿐입니다. 우리가 감정을 억누르는 것이 얼마나 억지스러운 일인지 잠깐의 명상을 통해서도 이해할 수 있습니다. 잠시 5분 동안 다음 순서를 따라 해보시길 바랍니다.

1. 먼저 편안한 자세로 눈을 감아보세요.
2. 천천히 들숨과 날숨을 쉬며 호흡에만 집중해보도록 합니다.
3. 5분 정도 아무 생각 없이 오로지 호흡에만 집중해서 머물러봅니다. 이때 아무 생각이 떠오르지 않도록 오로지 호흡에만 집중하는 것이 중요합니다.

어떤가요? 호흡에 집중이 잘 되었는지요? 많은 이들이 이 경험을 통해서 5분 동안 무수히 많은 생각이 스쳐 지나가 호흡에만 집중이 힘들었다고 했습니다. 집중이 흐트러질 때마다 내가 지금 무슨 생각을 하고 있지? 하며 자신을 탓하고 다시 호흡에 집중하려고 했지만 이내 또 다른 상념에 빠지는 것을 적게는 한두 번 많게는 몇십 번 반복했다고 했습니다. 이 짧은 체험에서도 억지로 생각하지 않고 느껴지는 감정을 누를수록 생각이 더 날 수밖에 없다는 것을 알 수 있습니다. 고작 5분의 명상에서도 생각과 감정을 눌러 우리가 원하는 고요함을 얻는 것조차 뜻대로 되지 않습니다. 내 뜻대로 되지 않는 마음의 상태는 자연스럽게 떠오르는 감정을 억지로 막는 방법으로는 통제되지 않습니다.

우리가 그토록 피하고만 싶은 불편한 감정을 가장 빠르게 벗어나는 방법은 감정을 받아들이고 그 감정에 자연스럽게 머무르는 것입니다. 고통스럽게만 느껴지는 감정에 그대로 머물렀을 때 어떤 일이 일어나는지, 이번에는 내 마음을 내 뜻대로 하는 방법으로써 내가 느끼는 감정을 그대로 바라봐주는 연습을 해보도록 하겠습니다. 앞에 했던 방식과 같되 다른 점으로는 떠오르는 생각을 억지로 통제하려고 하지 말고, 그냥 그대로 내버려 두면서 5분 정도 해보도록 합니다.

1. 먼저 편안한 자세로 눈을 감아보세요.

2. 천천히 들숨과 날숨을 쉬며 호흡에만 집중해보도록 합니다.

3. 이 과정에서 떠오르는 생각들은 그냥 자연스럽게 둡니다.

어떤가요? 앞에 했던 것과 다름없이 여러 가지 상념들이 떠올랐지만 억지로 막지 않으니 곧장 사라졌을 것입니다. 게다가 자연스럽게 떠오르는 것들에 대해서 해방감을 주니 집중하지 못한다고 탓할 필요가 없어 한결 가벼워집니다. 생각을 떠오르는 대로 흘려보내는 것이 자연스럽게 사라지게 만드는 방법이라는 것을 알게 되셨을 겁니다. 감정이 나타나는 것은 자연스러운 것입니다. 우리의 뇌 중 체계적인 계획, 감정조절 등을 담당하는 것으로 전두엽의 앞쪽 전전두엽이 있습니다. 전전두엽은 감정 조절에 중요한 역할을 하는 부위입니다. 이 전전두엽 기능을 높이는 방법으로 짧은 '마음 챙김' 명상이 도움이 됩니다.

감정을 자연처럼 바라보라

저는 자연 사진을 찍는 것을 즐깁니다. 길을 걷다가 파란 하늘이 멋져 보이면 휴대폰을 꺼내 그 장면을 담습니다. 한 장, 두 장 찍어 놓은 사진을 보고 있노라면 자연이 알려주는 계절의 변화를 알 수 있습니다. '자연(自然)'이란 '스스로 자'와 '그러하다 연'으로 그대로 스스로 당연하게 펼쳐진다는 뜻입니다. 누가 시키지 않아도 24절기에 따라 계절의 미세한 변화들은 절묘하게 알려줍니다. 봄이 오고 있는지, 여름이 지나가는지, 어떤 작물이 자랄 때인지 부지런하게 움직이지만, 누구도 모르는 것처럼 자연은 흘러갑니다. 언제 장마가 있었는지도 모르게 가을이 되고, 눈보라 쳤던 겨울을 지나면 어김없이 꽃 피는 봄이 옵니다. 이런 자연의 변화는 하나도 어색하지 않고 억지스럽지도 않습니다.

자연처럼 우리의 감정도 그대로 스스로 당연하게 펼쳐지도록 해야 합니다. 그때 그 상황에 배신감이 올라왔다면 '아! 내가 배신감을 느꼈구나.' 하고 마음 사진기로 찰칵 찍고 바라봐줍니다. 남겨진 감정 사진들은 시간이 지나면 빛바랜 과거가 됩니다. 때론 잊고 있었던 나를 발견해주는 중요한 자산이 되기도 합니다.

우린 많은 시간을 자연스럽지 않은 마음을 선택하고 억압하는 방법으로 감정을 해결하려고 합니다. 자연스럽지 않은 것은 불편하다는 것을 알면서도 말이죠. 내 마음이 내 뜻대로 안 될 때는 내 감정을 자연스럽게 받아들이는 방법을 선택하세요. 가장 빠르게 내 마음을 이해하는 지름길입니다.

• 나를 찾을 수 있는 감정 한 문장

"내 마음은 처음부터 내 뜻대로 안 되는 것이
더 자연스러운 것입니다."

"당신이 지금 자연스럽게 흘려버리고 싶은 감정은 무엇인가요?
그 감정을 자연스럽게 바라보세요."

4. 책임질 것이 많아 지친 마흔

"책임이란 말을 빼버리면 인생은 아무 의미도 없다."

레인홀드 니버

책임이라는 무거운 무게감

마흔이 되어 오랜만에 만난 지인뿐만 아니라 가까운 사람에게 들려오는 안부들은 슬픈 소식이 대부분입니다. 어느 날 직장동료가 울먹이며 밤사이 친정어머님이 쓰러지셔서 중환자실에 입원했다는 슬픈 소식을 전했습니다. 집에 홀로 남겨진 친정아버지의 식사, 살아계신 조모까지 자신이 보살펴야 하는데 어떻게 해야 할지 막막해했습니다. 한 달 후 잘 알지는 못했지만, 얼굴을 뵈면 인사를 나누었던 상담 선생님께서 암 선고를 받았습니다. 더 충격적인 것은 간에서 폐로 암이 전이되어 더 손을 쓸 수 없게 되었다는 소식이었습니다. 그녀는 이제 갓 40대 초반, 단순히 기침 감기가 심해져 찾았던 동네 내과에서 생각지도 못한 청천벽력 같은 이야기를 듣게 된 것입니다. 그녀의 소식을 들은 오전 내내 저는 마음이 무거웠습니다. 마흔쯤 되면 주변 지인, 친구들의 슬픈 소식들은 누구의 이야기가 아닌 우리의 상황이 될 수도 있기에 혼란스러워집니다. 그들이 직면한 우울, 분노, 두려움, 고통, 억울함, 슬픔과 같은 감정과 현실적인 책임의 무게까지 고스란히 느껴집니다.

　삶은 동전의 양면과도 같이 좋은 날과 궂은 날이 있습니다. 마흔은 이런 양가감정을 많이 느끼는 시기입니다. 20대의 사회초년생과 같은 서툰 시기를 지나 마흔에는 경력이 쌓여 자기 분야에서 여유를 가질 수 있는 때입니다. 평소 건강관리를 잘 했더라면 20대만큼은 아니라도 체력도 별 무리 없으며 자녀들도 성장하여 시간적 여유가 있습니다. 지겹게 싸웠던 부부도 이제 서로를 이해하고 한발 물러서서 기다릴 줄 아는 기술도 습득하게 되었습니다. 이만하면 살 만해졌다고 생각합니다. 반면 마흔은 자녀와 관계가 소원해지는 시기이기도 합니다. 훌쩍 커버려 어느덧 10대 사춘기 자녀들은 부모 손이 필요 없어져 거리를 두기 시작합니다. 늘 젊다고 생각했던 부모님은 한해가 다르게 늙어가는 게 보입니다. 늙은 부모와 자식까지 챙겨야 하니 경제적 부담과 보살펴야 한다는 책임감만 커집니다. 사회에서는 치고 올라오는 후배들과 윗사람 눈치를 보게 되는 중간 사이에서 현재와 10년 뒤 미래에 대한 불안감으로 걱정은 배로 증가합니다.

책임지지 않으면 행복합니까?

'K 장녀', 'K 아들' 신조어처럼 자기 역할을 꿋꿋하게 해내는 대한민국 40대들은 고독합니다. 최근 연구 기업 '엠브레인'에서는 40대의 외로움을 어떻게 해소하는지에 대해서 조사한 적이 있습니다. 그 결과 40대는 외로움을 해결하는 방법으로 TV를 시청한다는 대답이 가장 많았습니다. 이 조사에서 인간관계의 진정성에 대한 불신 또한 40대가 가장 강했습니다. 외로움이라는 감정을 해소하기 위해 TV를 보는 것은 연약하거나 부족함을 스스로가 보고 싶지 않아 회피하는 방법입니다. 인간관계의 회의감으로 타인과 교류를 하지 않고 혼자 고립되는 것은 스스로를 더욱 외롭고 우울하게 만듭니다. 이 결과에서 알 수 있듯이 마흔의 세대들은 외로운 감정을 제대로 이해받지 못하고 있습니다. 오래전부터 자주 등장한 40대의 높은 사망률은 신체적 질병뿐만 아니라 마음의 상태에서도 그 원인을 찾을 수 있습니다. 40대의 현실은 겉으론 안정적으로 보일지라도 마음은 불안정합니다.

책임져야 할 것이 많으면 부담도 큽니다. 책임의 의미는 '맡아서 해야 할 임무나 의무', '어떤 일에 관련되어 그 결과에 대한 의무나 부담'입니다. 개인에게는 하나의 책임만 존재하지 않습니다. 다양한 역할을 하는 만큼 책임져야 할 것도 늘어납니다. 저는 '딸', '엄마', '아내', '며느리', '직장인', '상담자'까지 책임지는 역할이 여섯 가지가 됩니다. 어떤 직업도 마찬가지지만 상담자도 책임감을 중요하게 생각합니다. 첫 상담 회기에 내담자와 상담자는 책임에 관해 이야기합니다. 학생들에게 규칙을 지키는 것을 가르쳐줘야 하는 경우 상담 시간 약속을 잘 지키는 것부터 시작합니다. 그들에게 상담 시간에 어떻게 해야 하는지에 대해서 알려주고 지키도록 하죠.

책임감을 설명할 때 내담자들의 반응에 놀랄 때가 종종 있습니다. 제가 내담자인 학생이 책임져야 하는 것을 이야기할 때 학생들의 모습은 대부분 비슷합니다. 대충 얼버무리거나 휙 지나가듯 "네." 합니다. 진심이 없고 건성으로 하는 것이 느껴지는데 이마저도 저에게 대답을 해주면 참 고마운 일입니다. 아예 듣기 싫은 잔소리처럼 저를 보지도 않고 듣는지 마는지 알 수가 없을 때가 훨씬 더 많습니다. 반면 상담자인 제가 내담자 학생에게 져야 할 책임을 전달할 때는 전혀 다른 모습을 보입니다. 제법 진중하게 듣고 고개를 들기도 하고 끄덕이기도 하니 달라도 너무 달라서 이런 광경을 볼 때마다 참 놀랍습니다. 왜 이렇게 그들의 태도에 차이가 날까? 궁금하여 학생에게 아까와 지금의 달라진 점에 관해서 물어보면, 자신이 뭔지 모르게 대접받고 있다는 생각이 든다는 것이었습니다. 학생의 말에서 힌트를 찾을 수 있는 것처럼 책임진다는 것은 존중한다는 의미가 전달됩니다. 내가 누군가를 책임지겠다는 것은 결국은 그 사람을 위하는 마음이 존재하기에 가능합니다.

결혼을 결심할 때 우리는 평생 반려자에게 '책임을 다하겠다.'라고 마음을 먹습니다. 누군가가 나를 위해 책임을 다한다는 것과 내가 누군가를 위해 책임을 다하는 것은 책임질 대상이 소중하기 때문입니다. 생각지도 않게 아프게 돼 미안함을 느낀 선생님은 남겨진 가족에게 책임을 다하지 못한다는 생각을 하고 있었습니다. 아픈 부모에게 한달음에 가지 못하여 종일 초조해했던 동료의 마음도 부모를 사랑하기 때문에 책임을 느끼는 것입니다. 마흔에게 책임감은 사랑하는 이를 지킨다는 뜻이 담겨 있었습니다. 소중한 것들이 있기에 책임을 지는 것입니다. 그렇다면 책임을 지지 않는다면 행복할까요? 책임질 것이 없다는 것은 지켜야 할 것이 없으므로 행복한 삶이라고 볼 수 없습니다. 책임을 진다는 것은 부담스럽고 어려운 일이지만 삶을 살아가는 동기가 되어주기도 합니다.

우리가 잊고 있었던 가장 중요한 것은 나를 책임지는 것

나 자신에게 책임을 다하는 것은 책임감을 배우는 과정에서 가장 첫 번째 순위입니다. 마흔에 책임감이 더 크게 느껴지는 이유는 우리가 책임을 져야 하는 많은 역할 중에 가장 중요한 '나'에 대한 책임이 빠져 있기 때문입니다. 우리의 많은 역할인 '부모', '아들', '딸', '사위', '며느리', '사장', '과장', '부장', '선생님'으로서 책임을 다하지만 이를 해내는 나를 책임지는 것은 생각하지 않습니다. 그 역할을 행하는 나 자신도 내가 책임져야 할 대상입니다. 누군가를 위한 책임도 '내'가 없어지면 의미와 가치가 없습니다. 내가 있었기에 책임을 지는 것들도 생겼고, 내가 책임을 지었기에 그 존재들이 소중한 것으로 의미가 부여된 것입니다. 자신을 위한 책임을 다하는 것이 이기적이라는 생각을 할 수도 있겠습니다. 하지만 우리가 가장으로서 책임감을 가질 때 그 누구도 이기적이라고 말하지 않습니다. 직장에서도 자신이 맡은 일에 책임을 다할 때는 성실한 사람이라고 인정받습니다.

나를 위해서 어떤 의무를 다하고 있는지? 고민할 여유도 없이 나를 제외한 누군가를 위해서만 우리는 지내왔습니다. 마흔에는 나를 제외한 책임들은 공허함만 남깁니다. "자신을 위해서 할 수 있는 책임을 다하는 것이 어떤 것일까요?" 작게는 맛있는 끼니를 나를 위해 제때 챙기는 일이 될 수도 있겠습니다. 하고 싶었지만 다른 것들을 우선하느라 까맣게 잊고 있었던 나와의 약속을 지키는 것일 수도 있겠습니다. 누군가를 책임져야 해서 지금까지 어깨가 무거웠다면 나를 책임지는 것에는 반대로 가벼움을 느낄 것입니다. 마흔의 책임져야 할 것에는 내가 반드시 포함되어야 합니다. 나를 위한 책임도 소중하게 찾아보시길 바랍니다.

• 나를 찾을 수 있는 감정 한 문장

> "당신 자신을 위해 책임질 것은 어떤 것이 있나요?"

> "아주 작고 사소한 것도 상관없습니다.
> 평소에 놓쳤던 것들을 생각해보세요."

5. 감정을 모르면 꼰대가 된다

"나는 누구와도 잘 어울려요. 그리고 나는 여기 당신의 세계에 대해 배우러 왔어요."

영화 〈인턴〉

당신도 이제 꼰대입니까?

'꼰대' 표현을 들어본 적 있을 겁니다. 누군가로부터 꼰대로 불린 경험이 있을 수도 있겠고요. 꼰대의 사전적 의미는 권위적으로 사고하는 어른을 비하하는 학생들의 은어입니다. 최근에는 구태의연한 사고방식을 타인에게 강요하는 사람들을 지칭하는 단어로도 사용됩니다. 뜻까지 알게 되니, 꼰대는 정말 되고 싶지 않지만, 우리도 되고 싶지 않은 꼰대의 모습이 되어 갑니다. 분명 옳은 소리를 한 것뿐인데 꼰대로 불리기 시작하니까요.

제가 20대 때 전형적인 꼰대라고 생각해서 피하고 싶었던 상사가 있었습니다. 그는 지금 다시 떠올려도 만나고 싶지 않은 사람 중의 한 명입니다. 그는 '내가 누군 줄 알아?' 자신의 권위로 힘을 내세웠습니다. '네가 뭘 안다고?' 자신보다 나이가 어리거나 직급이 낮다면 자기보다 부족하다고 생각했습니다. '어딜 감히?' 제 의견은 자신의 권위에 대한 도전이라고 받아들였습니다. '내가 너만했을 땐 말이야!' 자기 과거 이야기를 영웅담 삼아 반복했습니다. '어떻게 그걸 나한테?'라며 자신의 특권의식을 내세웠습니다. '내가 그걸 왜?' 결정적인 순간에 책임을 회피했습니다. 그가 높은 직급만 아니었다면 다들 피했을 터이지만 회사 생활이란 것이 그럴 수가 없어 억지로 대화에 참여하는 척했습니다. 요즘은 사내 메시지로 동기들끼리 꼰대 상사의 갑질에 대해 뒷말도 하지만 그때는 그러지도 못했습니다. 지겨운 그 대화가 언제 끝날지 시계만 바라봤던 기억이 지금도 생생합니다. 그는 제가 만났던 최악의 어른이었고 그를 아는 사람들은 모두 그를 싫어했습니다.

영화 〈인턴〉을 보신 적이 있나요? 제가 좋아하는 배우 로버트 드니로와 앤 해서웨이가 출연한 〈인턴〉이라는 영화를 통해 저는 어른들이 어떤 소통 방식을 가져야 하는지를 생각하게 되었습니다. 영화 속 주인공인 경험 많은 70세 인턴 벤과 열정 높은 30세의 CEO 줄스가 나이와 지위라는 물리적인 장벽을 넘어 신뢰를 쌓아가는 과정을 보여줍니다. 70세에 시니어 인턴으로 일하게 된 벤은 고위직 임원으로 회사를 퇴직하였습니다. 연륜과 경험이 풍부한 그의 눈에 이제 갓 사장이 된 30대 대표 줄스는 서툰 것이 많습니다. 하지만 그는 과거의 자신의 영웅담을 내세워 그녀를 평가하거나 비판하지 않습니다. 그는 줄스의 실수를 목격하더라도 섣불리 조언하는 일이 없습니다. 설령 그것이 옳은 말일지라도 들을 준비가 되지 않을 때는 기다립니다. 그는 그녀가 조언을 부탁해도 '나 때는 말이야.' 같은 말로 자신의 위신을 세우려 하지 않습니다. 벤은 감정에 솔직하고 사고는 유연하여 사내 어린 동료들로부터 존경받는 친구가 됩니다. 처음에 자신보다 나이가 많은 신입사원 벤을 불편하게 느꼈던 회사 대표 줄스도 그와 소통을 통해 진심으로 마음을 나누게 됩니다. 영화 속 벤은 성숙한 어른의 품격을 제대로 보여줍니다. 그가 타인의 감정을 공감하며 젊은 세대들과 소통하는 장면들은 참 인상 깊었습니다.

꼰대 VS 어른

영화를 보고 난 뒤 성숙한 어른, 좋은 어른에 대해 생각하게 됐습니다.

앞서 소개한 과거 상사와 같은 꼰대의 특징은 자기 뜻이 옳다는 자기중심적인 태도입니다. 지금 생각해보면 그는 타인이 어떤 감정을 느끼는지 전혀 이해하지 못했습니다. 타인의 감정만 이해하지 못하는 것뿐만 아니라 자신의 감정에도 솔직하지 않았습니다. 그의 소통 방식은 늘 일방적이었습니다. 소통은 언어라는 도구를 통해서 정보 전달뿐만 아니라 감정도 교감하는 것입니다. 쉴 새 없이 자기 이야기만 쏟아내는 대화는 자신뿐만 아니라 타인에 대한 감정이 배제되어 피곤함만이 존재하고 불통만 남습니다. 인간의 유능함은 관계를 통해서도 발전하며, 소통은 세대를 넘나드는 중요한 사회적 기술입니다. 뒤돌아보니 저 역시도 아이들에게 꼰대라고 들을 만한 행동들을 많이 하고 있었습니다. 아이의 감정을 배제하고 엄마로서 옳은 말만 아이에게 전했으니 아이는 일방적인 지시로 인식했을 터입니다.

'꼰대'와 '어른'의 차이는 무엇일까요? 20대 청년의 칼럼에서 그 차이의 힌트를 얻을 수 있었습니다. 그는 꼰대와 어른은 상대방 의견을 잘 듣고 이해하며, 자기 입장을 상대에게 전달하는 방법을 아는 사람으로서 대화하는 능력에서 차이가 난다고 했습니다. 그의 칼럼을 읽고 꼰대가 아닌 좋은 어른은 나이 중심의 사고에서 벗어나 감정을 소통하는 기술을 가져야 한다고 생각했습니다. 아이들이 부모와 대화를 피하는 이유는 부모가 솔직하지 않기 때문입니다. 모르는 것을 모른다고 말하고 슬픈 것을 슬 프다고 표현하는 솔직함은 나이가 들수록 어렵고 용기가 필요합니다. 해 가 지날수록 감정에 대한 무뎌진 반응은 꼰대가 되는 지름길입니다. 꼰 대가 되지 않기 위해서는 감정을 소통해야 합니다. 감정 대화가 단절된 순간 다시 꼰대가 된다는 것을 꼭 기억하시기 바랍니다.

• 나를 찾을 수 있는 감정 한 문장

"자신의 감정에 솔직하지 못한 순간은 언제였나요?"

"솔직하지 못한 감정은 어떤 것이었나요?"

6. 매일 비교하는 삶으로 마흔은 위태롭다

"자기와 다른 사람을 비교하며 누가 우위인지를 끊임없이 신경 쓰는 사람은 여유 있는 기분으로 살 수 없다. 평온한 생활을 할 수 없는 것이다."

요제프 킬슈너

평범하기 위해 놓친 것들

제 어머니의 소원은 남들처럼 평범하게 사시는 것이었습니다. 남들에게 얕보이기 싫어 누구보다 억척같이 부지런하셨죠. 어두컴컴한 새벽에 하루를 시작하고, 아끼시느라 반평생을 한 끼만 드셨습니다. 어린 시절 저는 어머니의 평범해지는 꿈이 이뤄진다면 우리 가족들도 행복해질 것으로 생각했습니다. 억척같이 노력한 결과 어머니가 생각한 평범한 꿈은 이룰 수 있게 되었지만 꿈을 이룬 어머니는 요즘 자주 하시는 말씀이 있습니다.

"고작 이거 살려고 그렇게 살았나 싶다. 뭘 그렇게 남들 눈치 보며 살았는지. 모든 일에는 때가 있다. 아이들이 클 때는 아이들 자라는 것을 보고 사랑과 관심을 주는 게 제일 중요하다. 건강만 하면 돈은 얼마든지 모을 수 있다."

과거를 추억하며 사는 나이가 된 지금의 어머니에게는 열심히 일만 한 차가운 기억만 가득 차 있을 뿐, 자식들과 함께 한 따뜻한 순간은 없습니다. 가족들과 밥을 먹거나 여행을 다녔던 소소한 일상의 추억들 말입니다. 어머니에게는 어린 시절 함께 시간을 보내지 못한 자식들에 대한 미안함과 지나면 할 수 없는 그 시절의 아쉬움만 가득합니다.

평범하기 위해 비교하며 사는 매일

우리가 생각하는 평범하게 산다는 기준은 타인과의 비교에서 시작됩니다. 주식이 잘되어 높은 수익을 가진 동료, 부모 찬스로 몇십억 자산을 불려가는 대학 동기, 집 가격이 많이 오른 친구… 이들과의 비교는 곧 평범의 기준이 되어 나의 연봉, 집 가격, 좋은 차, 직장 등이 그 기준 속에 들어가는지를 재단합니다. 타인과의 비교를 시작하면 비교 대상은 점점 더 많아지고 그 기준도 높아집니다. 평범의 기준이 타인과 비교가 되는 순간 우리는 끝없이 불행해집니다. 내 집 마련만 하면 평범할 줄 알았더니 더 넓은 평수가 평범의 기준으로 바뀌게 되는 등 현재에 누리는 것들은 눈앞에 보이지도 않고 가지고 있는 것들을 잊게 됩니다. 남과 비교해 나에게 없는 것을 채워가다 보면 끝없는 전쟁을 치르는 병사와 같은 마음이 됩니다. 마음의 지옥이 존재한다면 끊임없는 비교의 삶일 것입니다.

우리가 열심히 사는 것은 행복해지기 위해서입니다. 평범하게 살고 싶다던 모두의 바람도 행복하기 위해서입니다. 평범하게 남들처럼만 살면 행복할 것으로 생각하지만, 남들만큼, 남들처럼 되기 위한 기준은 타인의 것입니다. 나의 삶인데도 남의 기준으로 살기에 남들 쫓아가느라 지치고 힘듭니다. 마흔에는 나의 삶을 채워가는 것으로 우리의 평범한 삶을 어떤 것인지를 다시 생각해야 합니다. 인간은 누구나 자유를 원하며, 나의 시간을 내가 설계하고 내가 원하는 대로 하는 것을 좋아합니다. 직장생활이 고되고 힘든 이유도 내가 결정하는 것보다 결정한 대로 해야 하는 것이 많기 때문입니다. 누구나 가슴에 품고 있는 꿈은 자신이 좋아하는 것으로 나의 경제적인 부분까지 해결하는 주도적 삶일 것입니다.

평범을 위하여 오늘도 열심히 사는 우리에게 묻고 싶습니다. "당신의 남은 삶은 무얼 하며 어떻게 살고 싶습니까?" 이 질문에 작가 유시민은 특별한 것이 없다고 말합니다. 그는 즐거운 일을 하고 싶다고 했습니다. 그가 생각하는 즐거운 일은 배우고 깨달은 것을 책이나 강연을 통해 다른 사람들과 나누는 작업이라고 설명합니다. 또, 깊은 공감을 나눌 수 있는 소중한 사람들과 시간을 보내며 그들을 아낌없이 손잡아주고 안아주며 남은 기간 사랑을 듬뿍 나누며 살고 싶다고 했습니다.

평화로운 삶이 평범한 것이다

우리가 평범함을 추구하는 것은 평화로운 삶이라 생각하기 때문입니다. 평온은 나에게 있는 것을 잘 어우르고 다루어 더 빛나게 하는 것에서부터 시작됩니다. 마흔을 보다 먼저 살아낸 유시민 작가는 남은 인생을 원하는 자기 삶으로 채워가고 싶다고 합니다. 인생이라는 짧은 여행이 그에게도 얼마 남지 않았기에 지금 자신이 잘살고 있는지, 자신이 사는 삶은 훌륭한지, 남은 시간도 지금처럼 계속 살아가도 괜찮은 것인지, 오늘 하루의 모든 순간이 자신에게 의미가 있었는지, 그는 자신에게 절박하게 묻는다고 합니다. 끊임없는 물음을 통해서 그는 오늘도 자기 삶을 채워갑니다.

타인의 기준에 끌려다녀서는 아무것도 제대로 할 수가 없습니다. 당신의 삶은 타인의 욕구를 채우기 위해서 만들어지지 않았습니다. 우리는 충분히 타인으로부터 평가받아오며 지냈습니다. 남들과의 비교와 평가가 당신의 전부라고 생각하지 마세요. 당신의 삶을 자신의 기준으로 채워 넣으세요. 타인의 시선으로부터 자유로워지시길 바랍니다.

• 나를 찾을 수 있는 감정 한 문장

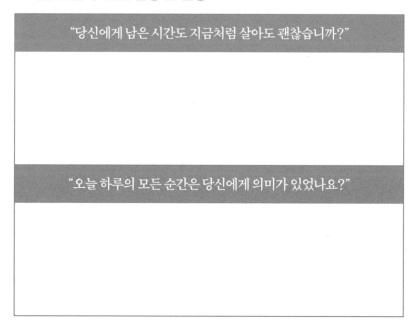

"당신에게 남은 시간도 지금처럼 살아도 괜찮습니까?"

"오늘 하루의 모든 순간은 당신에게 의미가 있었나요?"

Mind
Reader

2장

마흔이 가진
감정에 대한 편견

1. 감정적인 것은 미성숙한 것이 아니다

"외적인 영향에 좌우되고 싶지 않다면 자신의 격렬한 감정부터 초월해야 한다."

사무엘 존슨

당신이 감정을 숨기는 이유

'감정(emotion)'은 외부 혹은 내부에서 일어나는 대상, 상황, 사건에 대해 반응하는 내면적 상태를 말합니다. 기쁨, 슬픔, 기대, 걱정, 불안, 안정, 좌절, 절망, 두려움, 욕심, 쓸쓸함, 환희, 즐거움, 행복 등과 같이 인간이 느끼는 감정은 다양합니다. 감정은 우리의 생각, 인간관계, 상호작용에 큰 영향을 미치며 본능적으로 일어나는 것이라 통제나 조절이 쉽지 않습니다. 이번 장에서는 다양하고 미묘한 감정에 대한 흔한 오해들을 이야기해보려고 합니다.

인간에게 의식과 무의식의 영역이 있다면 감정은 무의식 영역입니다. 감정과 달리 이성은 의식적 영역으로, 감정과 이성은 적절한 균형을 유지하고 서로 협력해야 하는 관계입니다. 인간은 누구나 감정을 느끼지만 표현하는 방식은 개인에 따라 다릅니다. 성인들은 감정을 표현하는 것을 어려워합니다. 그 이유는 크게 세 가지가 있습니다.

첫째, 감정을 표현하면 안 된다는 사회적 습관입니다.

둘째, 감정을 제대로 인식하는 방법을 배운 적이 없는 어른으로 자라 감정을 이해하는 것이 어렵습니다.

셋째, 마지막으로 감정 표현을 할 때 어떤 말을 사용해야 할지 모르는 것입니다.

한국 사회는 의식적인 이성의 상태로 표현하는 것을 선호합니다. 이성적인 태도로 결정을 내리는 것이 성숙한 자세라고 생각합니다. "그만한 일로 왜 울어. 그만 울어!", "남자가 되어서 그 정도는 참아야지!", "엄마라는 사람이 그거 하나 못 견뎌?" 우리가 자주 들었던 감정을 억압하게 만드는 메시지였습니다. 감정을 표현하는 방법을 교육받지 못하고 어른이 된 우리는 자신의 감정을 이해하기도 표현하기도 힘듭니다.

감정 표현을 하지 못할 때 생기는 오해

감정을 느끼지 않고 사는 사람은 공동체 안에서 협력하고 적응하며 살아갈 수가 없습니다. 감정을 느끼지 못하는 사람들의 경우 상상조차 할 수 없는 사회적 파문을 불러오는 사건의 주범이 되기도 합니다. 감정을 이해하지 못하면 자기 감정, 타인의 감정에 쉽게 오해하고 관계에서 상처를 주고받게 됩니다. 저는 자신의 감정 표현에 서툴러 상처를 받는 어른뿐만 아니라 아이들도 만납니다.

2년 정도 상담을 진행했던 남학생이 있었습니다. 제가 만났을 당시 준호는 중학교 3학년이었습니다. 준호는 내성적인 성격으로 친구 사귀는 것을 어려워했습니다. 새로운 환경에 적응하는 것에도 꽤 시간이 필요했고 낯선 장소에 대한 불안감도 높았습니다. 전학을 가게 된 학교에서도 준호는 적응이 쉽지 않았습니다. 학교에서 친구와의 갈등이 생긴 준호는 책상, 의자 등을 던지는 것으로 화난 감정을 표현했습니다. 준호의 행동은 선생님들도 감당하기 어려웠고 경찰까지 출동하고 나서야 통제할 수 있었습니다. 이 사건으로 저를 만나게 된 준호는 자신도 왜 그렇게까지

했는지 처음에 이해하지 못했습니다. 상담을 통해서 전학 간 학교에서 두려움과 외로움을 느꼈고, 이러한 감정을 폭력적으로 표현했다는 것을 알게 되었습니다. 누구나 외로움과 두려운 감정은 느끼지만, 폭력적으로 감정을 표현하진 않습니다. 준호처럼 자신의 감정을 이해하지 못하면 잘못된 행동이나 서툰 방법으로 표현하게 됩니다.

자신의 감정을 인식하는 것은 사회적으로 적절한 행동을 하는 데 있어서 매우 중요합니다. 감정을 인식하는 것은 자신의 기분을 조절하고 스트레스를 관리하는 데 도움을 줍니다. 심리상담을 통해서도 상담자는 내담자가 자신의 감정을 이해하도록 돕습니다. 자신의 감정을 알게 되면 내담자들은 자기 내면을 이해하여 새로운 관점으로 자신의 문제를 파악하게 됩니다. 오프라 윈프리는 감정은 마음의 목소리에서 온 것이라고 하였습니다. 감정을 표현한다는 것은 자신을 이해하는 통로입니다. 드라마, 영화에 우리가 몰입할 수 있는 것은 배우들의 연기를 통해서 기쁨과 노여움, 슬픔과 즐거움과 같은 다양한 감정들을 주인공처럼 느끼고 공감하기 때문입니다. 배우들의 감정 표현은 나의 감정까지 자극하고, 나와 배우 사이의 감정 교감이 많이 이뤄질수록 연기를 잘한다고 호평합니다.

당신의 모든 결정은 감정이 함께한다

인간의 욕구와 자기 실존성을 연구한 심리학자 매슬로우는 감정은 자신을 발견하고 성장시키는 원동력이라고 했습니다. 인간은 매 순간 선택해야 하고 결정하고 난 뒤에는 행동합니다. 행동을 위한 결정에는 감정이 함께합니다.

우리는 어떤 상황을 마주했을 때 '생각 → 감정 → 행동' 순서로 반응을 합니다. 생각하고 감정을 느끼며, 최종 행동을 하게 됩니다. 감정을 통제하고 누르려고만 하면 아무것도 결정하지 못하여 행동도 할 수 없습니다. 우리가 선택하고 결정할 수 있는 것은 감정이 나에게 주는 사인이 있기에 가능합니다. 옳은 방향으로 결정한다는 것은 긍정적인 감정을 느끼는 것을 따르는 것입니다. 또, 부정적인 감정을 주는 선택을 하지 않기에 옳은 방향으로 선택할 수 있습니다. 행동은 나의 감정을 이해하고 표현된 결과물입니다. 자기 감정을 책임지는 모습이야말로 어른다운 성숙한 모습입니다.

• 나를 찾을 수 있는 감정 한 문장

"당신의 감정 표현이 미성숙했던 그때의 사건, 느낀 감정, 당신의 행동을 적어보세요."
1) 사건
2) 감정
3) 행동

2. 감정을 억압하는 것은 폭력이다

"감정적인 문제를 해결하는 근본은 불편한 감정의 진짜 원인을 파악하는 일이다."

알랭

억압한 감정은 상처가 된다

냄비에 밥을 짓고 있다고 상상해보겠습니다. 시간이 지나자 구수하게 쌀이 익어가는 소리가 들립니다. 불 조절을 하지 않고 뚜껑을 닫은 채 오랜 시간 놓아두면 어떻게 될까요? 냄비 뚜껑은 달그락 소리와 함께 내용물은 흘러넘칠 것이고, 냄비는 까맣게 타게 될 것입니다. 감정을 억압하는 것도 이와 같습니다. 엉망이 된 냄비처럼 우리 마음도 원치 않은 방향으로 터지고 까맣게 타게 됩니다.

가희 언니는 오늘도 편의점에서 소주를 샀습니다. 엄마를 만나고 온 날에는 소주가 있어야만 그녀는 잠을 잘 수가 있습니다. 그녀는 엄마가 때때로 화가 날 때 자신에게 하는 화풀이와 폭언 때문에 힘듭니다. 엄마가 언니에게 하는 말들은 모두 사실이 아닌 것을 알지만, 마음은 머리와 다릅니다. 그래서 마시게 된 술이 이제는 엄마에게 받은 상처를 달래주는 약이 되었습니다. 술을 마시면 그제야 언니는 용기를 내서 말합니다. 어린 시절부터 엄마에게 인정받고 싶었다며 자신을 알아주지 않는 엄마가 원망스럽다고 합니다. 가희 언니는 제 친구의 언니로 매번 술을 마시는 엄마의 모습을 조카들이 계속 보게 되자 친구가 저에게 조언을 구하면서 알게 되었습니다. 가희 언니처럼 감정을 억누르기만 하는 사람들은 자신에게 가장 좋지 않은 방법으로 감정을 표출하게 됩니다. 정서적 교류가 원만하지 못하여 감정을 억누르고, 억압한 사람들은 다음과 같은 여섯 가지 유형으로 자신의 감정을 표출하고 있는 경우가 많습니다.

1. 화를 내지 말아야 할 대상에게 갑자기 화를 낸다.
2. 필요량보다 많이 먹는 폭식을 자주 하며 음식을 먹고 나면 늘 후회를 한다.
3. 술이 이유 없이 당기고 매일 술을 마시는 것으로 하루를 마무리한

다.

4. 필요 없는 물건을 많이 사는 충동적 행동을 자주 하여 경제적으로 빚이 많다.

5. 사회에 대한 적개심 또는 특정 인물에 대한 분노가 자주 올라오며 매사에 부정적이다.

6. 누군가가 내 옆에 없으면 불안하여 항상 곁에 사람이 있어야 한다.

위와 같은 유형을 살펴보았듯이 억압한 감정들은 결국 우리의 행동에 상처라는 자국을 남깁니다. 억눌린 감정은 어떤 형태로든지 표출되고 억압한 감정들은 우리 삶 전체를 뒤흔들 정도로 파급력이 큽니다. 가장 먼저, 건강에 문제가 발생합니다. 감정을 억제하면 할수록 스트레스와 긴장이 증가해 심리적 및 신체적 건강에 영향을 주게 됩니다. 정서적으로는 늘 긴장된 상태에서 살다 보니 정작 자신이 써야 할 곳에 에너지를 사용할 수 없습니다. 감정을 억제하는 동안 쌓인 정서적 고통은 트라우마를 겪은 피해자의 경험을 더 반복하게 합니다. 아주 작은 사건도 예민하게 받아들여 정서적 고통을 증가시킵니다. 인간관계에서도 문제가 발생하여 사람들과의 친밀한 관계를 형성하지 못하고 사회적 적응에도 어려움을 겪습니다.

문화적으로 뛰어남을 보여주는 한국인들에게는 감정을 억누르는 유전자가 있습니다. 사극과 같은 한국 문화가 담긴 영화, 드라마에서 "한(恨)이 맺혔다." 대사를 자주 듣게 됩니다. 이 한이라는 한자에는 '마음(心)'이 담겨 있습니다. 한이 맺혔다는 의미는 원망이 크며 억울하고, 슬퍼 응어리진 마음을 가진 상태를 말합니다. 서울대학교 심리학과 권석만 교수는 한국인의 문화 특수적 증후군인 '화병'은 일종의 '분노 증후군'이라고 했습니다. 분노 증후군은 분노 억제에 기인하는 심리적 문제로 일반적으로 '울화병'으로 불립니다. 특히 화병은 중년 이후의 여성에게 많이 나타나며 주요 증상은 분노, 우울감, 불면증, 공황, 피로감을 비롯하여 소화불량, 식욕부진, 두통과 일반적인 통증, 상복부 덩어리의 맺힌 느낌 등의 신체화 증상으로 이루어져 있습니다. 자신의 감정을 제대로 표현하지 못해 한이 많고, 화병을 겪은 이들이 우리 주변에는 많습니다.

보고 싶지 않은 감정은 숨기고 싶은 법이다

우리가 감정을 무시하거나 억누르는 것은 그 감정을 마주하고 싶지 않기 때문입니다. 분석심리학 칼 융은 자신이 부인하는 것에 결국 자신이 굴복하게 된다고 하였습니다. 반대로 우리에게 일어나는 모든 것이 적절히 이해가 된다면 우리를 우리 자신으로 이끌어준다고 하였습니다.

남부럽지 않게 부유하게 자란 지연 씨를 만난 것은 따뜻하고 포근했던 봄날이었습니다. 개나리꽃처럼 화사한 그녀는 가슴이 답답하고 두통이 끊이질 않는다고 표현했습니다. 지연 씨는 명문대 출신으로 그녀의 부모님께서는 좋은 성적과 명문대 입학을 위해서 어렸을 때부터 무조건 참고 인내하라고 가르쳤다고 하였습니다. 그런 부모님 뜻대로 자신의 감정을 억누른 채 살아왔더니 이젠 무엇을 해도 즐겁지 않고, 어떤 것을 할 의욕도 생기지 않는다고 했습니다. 좀처럼 자신의 감정을 표현하지 못했던 지연 씨는 어떤 감흥도 느끼지 못하는 것처럼 보였습니다. 안타깝게도 지연 씨는 즐거움도, 슬픔도 그 어떤 감정도 표현해서는 안 된다는 생각을 하고 있었습니다.

우리는 성공을 위해서 자신의 목표를 성취하고 꿈을 이루고자 노력합니다. 그 노력의 일환으로 자신의 감정을 억누르고 참으라고 강요합니다. 하지만 이러한 방법이 가장 불행하고 성공으로 가는 반대 방향의 길이라는 것을 알지 못합니다. 같은 상황, 사건에서도 저마다 다른 선택과 행동을 하는 이유는 개인마다 느끼는 감정이 다르기 때문입니다. 자기 감정의 해석은 개인이 세상을 바라보는 고유한 세계관입니다. 자기 목소리를 내지 못하게 하고, 표현을 강제로 조종하는 것은 억압입니다. 감정을 참고 억누르고, 비난하는 것은 억압이고 폭력입니다. 자신의 감정을 이해한다는 것은 스스로가 왜 그런 선택을 했는지, 자신은 어떤 방식으로 행동하는지의 방향성을 알 수 있는 기회를 줍니다. 마음의 목소리는 꽁꽁 묶인 억눌린 감정을 풀어주어야 들을 수 있습니다.

• 나를 찾을 수 있는 감정 한 문장

"당신이 숨기고 싶은 감정은 무엇인가요?"
"당신이 그 감정을 숨겨야 하는 이유는 무엇인가요?"

3. 지우고 싶은 기억이 더 선명한 법이다

"슬픔이 아직 생생하게 남아 있는데 이것을 회피하면 문제가 더 악화될 뿐이다. 슬픔이 완전히 소화될 때까지 기다려야 한다. 그렇게 하면 남아 있는 슬픔을 즐거움으로 바꿀 수 있을 것이다."

사무엘 존슨

우리에게 남겨진 생생한 기억

"짧게는 며칠, 길게는 몇십 년이 지난 후에도 당신에게 생생하게 기억나는 사건이 있나요?"

저에게는 선명하고 뚜렷하게 기억되는 장면이 있습니다. 초등학교 4학년 때 어머니와 아버지께서 외출 후 집으로 돌아오자마자 아버지로부터 배드민턴 채가 부러질 정도로 맞았던 바로 그날입니다. 30년이 지난 지금도 그때 기억은 저에게는 너무도 뚜렷합니다. 그 이후로는 부모님으로부터 그보다 더 큰 체벌은 없었습니다. 혹시나 오해가 있을 수 있어 설명하자면 현재는 이런 일이 발생하면 아동학대 신고 대상이 됩니다. 제가 초등학교 시절에는 가정에서의 체벌은 부모의 훈육 방법 중 하나로 여겨 아동학대로 신고하는 일은 거의 없었습니다.

오은영 선생님께서 유튜브 영상 속 부모님과 대화를 하는 장면을 본 적이 있습니다. 오은영 선생님께서는 "아버님은 중학교 때 수학을 잘 했나요?"라고 육아 상담 중인 아버님께 물었습니다. 질문을 들은 아버님은 잠시 고민하시더니 "잘하지도 못했고, 못하지도 않았던 거 같아요."라고 대답을 하였습니다. 이제 중년이 되신 아버지가 중학교 때 수학 실력을 다시 되새기며 답하는 모습을 보고 이내 다시 오은영 선생님은 아버님의 중학교 3학년 때의 중간고사 수학 성적 질문을 하였습니다. 이에 아버님은 당황스러워하며 기억이 나지 않는다고 하였습니다. 저는 아버님의 대답을 들으면서 그녀가 어떤 의도로 아버님께 질문하는지 이해가 되었습니다. 이어 그녀는 우리는 지난 일들에 대해서 정확한 사건을 세밀하게 기억하지 못하지만 그때 그 사건에 내가 가졌던 감정은 남는다고 하였습니다. 그녀는 부모에게 감정을 이해하는 것이 중요하다는 것을 가르쳐주고 싶었던 것입니다. 오은영 선생님의 말씀처럼 저도 아버지께 맞았던 그날의 감정은 문신처럼 마음에 새겨 있습니다. 아버지의 화난 얼굴을 보며 두렵고 무서움에 떨었던 감정은 생생하게 기억합니다. 저는 잊고 싶은 그 날의 사건을 왜 선명하게 기억하고 있을까요?

부정적인 기억은 강력하다

우리의 뇌는 긍정적인 경험보다 부정적인 경험을 더 깊이 기억하는 생존 기술을 물려받았습니다. 뇌과학적으로 인간은 부정적인 사건에 더 강력한 영향을 받는 '부정성 편향'을 가지고 있습니다. 심리학자 릭 핸슨 (Rick Hanson)은 부정성 편향은 우리 선조들이 위험한 상황에서 현명하게 결정하는 것을 배운 진화의 결과라고 했습니다. 예를 들어 원시시대에 맹수가 나타나면 인간은 생명의 위협을 느꼈고, 위험으로부터 도망치도록 뇌가 명령을 내려 행동하도록 하는 것입니다.

시카고 대학의 존 카치오포(John Cacioppo) 교수는 부정적인 사건이 인간에게 어떤 영향을 주는지에 대해서 실험을 하였습니다. 이 실험에서는 참여자들에게 긍정적, 부정적 또는 중립적 감정을 불러일으키는 이미지를 보여주었고, 정보처리 수준을 확인하기 위하여 대뇌피질의 활동을 기록했습니다. 결과는 두려움이나 분노와 같은 부정적인 감정을 유발하는 자극에 대한 뇌의 반응이 긍정적인 사건보다 더 많이 활성화되었습니다. 실험결과로 알 수 있듯이 우리 뇌는 부정적인 사건에 더 많은 주의를 기울이고 있습니다. 이런 특성은 사회현상에서도 쉽게 찾을 수 있습니다. 마녀사냥과 같이 가짜 뉴스와 나쁜 소식은 더 멀리 빠르게 퍼지며 대중들은 이를 사실로 받아들입니다. 일상생활에서 작은 비판, 사소한 부정적 경험도 자신이 공격당했거나 위험한 상황으로 뇌는 자동 인식하여 즉각 반응하게 됩니다. 인간이 부정적인 것에 더 예민하게 반응하는 것은 위협으로부터 자신을 보호하는 방식이었습니다.

부정적인 감정의 영향력

부정적인 감정의 경험은 기억 속에 더 선명하게 남겨지고 우리 행동에도 영향을 미칩니다. 저 또한 의식하지 못하고 지냈던 아버지로부터 체벌 받은 그날의 부정 감정은 어른이 된 이후에도 많은 영향을 주고 있었습니다. 저는 아버지와 비슷한 나이의 어른들과 대화가 편하지 않았습니다. 특별한 의미가 담긴 말이 아님에도 그들의 말에는 저도 모르게 부정적인 감정이 먼저 올라왔고 좋은 조언이라고 할지라도 귀담아듣지 않게 되었습니다. 저처럼 의식하지 못했던 과거의 부정적인 감정은 현재에 나의 감정에 영향을 줍니다. 예를 들어 충분히 감당할 수 있는 상황에서도 비관적으로 생각을 하게 되어 과도하게 경계하고 적대적으로 행동할 수 있습니다. 의사표현으로 충분히 해결할 수 있는 갈등을 피하는 방식으로 문제를 해결하려 하고 이를 반복할 수도 있습니다. 결정과 선택을 위협의 상황으로 받아들여서 도전하지 않을 수도 있습니다. 부정적인 감정의 기억이 나에게 어떤 영향을 주는지를 아는 것은 새로운 것을 선택하는 순간에 도움이 됩니다. 자신이 새로운 도전, 더 나은 선택을 해야 하는 순간에는 꼭 기억해야 합니다. 혹시, 부정성 편향에 치우쳐서 회피하거나 도망가는 선택을 하는 것은 아닌지 말이죠.

• 나를 찾을 수 있는 감정 한 문장

"당신에게 남겨진 과거의 부정적 감정이 있나요?"
"그 감정은 현재 나에게 어떤 영향을 주고 있나요?"

4. 생각을 많이 하는 것은 피하고 싶기 때문이다

"지나친 생각은 걱정으로 이어지고, 또다시 불안으로 이어질 수 있다. 그리고 그런 불안은 사람을 무력하게 만들고, 사람을 아무런 행동도 할 수 없는 상황으로 이끌 수 있는 것이다."

브라이언 블랫

생각이 많아서 고민이라고요?

생각이 너무 많아서 고민이라는 사연자가 쓴 글을 읽은 적이 있습니다. "생각을 너무 많이 하다 보면 숨이 막히는 느낌인데 심리적인 문제가 있을까요?" 스스로조차 이해할 수 없는 자신 때문에 사연까지 올린 것을 보아 그녀의 힘든 정도를 가늠할 수가 있었습니다. 사연자처럼 우리도 일상에서 생각을 많이 하는 경험을 합니다. 생각하기 시작하면 거미줄처럼 촘촘하게 연결되어 머릿속에서 생각이 끝이 나지 않습니다.

생각 때문에 문제가 해결되지 않는다

"우리는 왜 생각을 많이 하는 걸까요?" 저 역시도 과거에 일어난 문제들을 해결하고자 많은 생각을 했었습니다. 문제를 해결하는 방법을 찾느라 생각을 수없이 했죠. 하지만 생각은 할수록 더 많은 생각을 낳을 뿐 문제를 해결하기 위해선 어떤 행동도 하지 않는 저를 발견하게 되었습니다. 생각 때문에 문제가 해결되기는커녕 해결해야 할 것들만 더 늘어났습니다.

생각이 많은 이들은 자신이 부족하다고 느끼기에 완벽하게 하려는 성향이 높습니다. 완벽하게 문제를 해결하기 위해서는 꽤 많은 시간과 에너지를 써야 합니다. 행동을 바로 하지 못하는 이유도 완벽하게 해야 하는데 그것이 옳을지 아닌지 가늠하기 어렵기 때문입니다. 그들은 정해진 목표나 그림대로 되어야 하기에 시작이 굉장히 어렵습니다. 머리로 지도를 그리고 계획을 세우는 등 계획들이 딱 들어맞기 위한 준비를 오래 합니다. 불안이 높은 경우도 생각을 많이 하게 됩니다. 생기지도 않은 일들까지 고려해서 여러 가지 경우의 수를 따집니다. 생각을 많이 하는 것이 걱정을 더 증폭시키고 과도한 걱정은 자신을 예민하게 만듭니다. 인간관계에서 자신의 행동에 대해 되새김하고 다른 사람들의 생각이나 감정을 지나치게 신경 씁니다. 답이 없는 문제인데도 자꾸 생각하게 됩니다. 우리가 생각을 많이 하는 것은 문제를 해결하고자 하는 방법이지만 실제로는 문제를 더 만들게 됩니다.

생각이 많아질 때 빨리 정리하는 방법

생각을 많이 하다 보면 굳이 생각하지 않아도 되는 경우까지 많은 생각을 하게 되는 습관이 생깁니다. 따라서 자신이 생각을 많이 해야 할 때와 그렇지 않을 때를 아는 것이 중요합니다. 주부들의 경우 하루 끼니를 어떻게 해결할까? 이것이 매일 고민하는 생각 중의 하나입니다. 이는 생각을 많이 할 필요가 없는 경우입니다. 즉시 장을 보러 가는 실질적 행동을 통해서 생각을 끊는 것입니다. 저 같은 경우에도 이 글을 쓰는 순간에도 많은 생각이 스쳐 지나갑니다. 어떻게 시작할까? 생각만 몇 분째 합니다. 하지 않아도 되는 생각을 오래 하고 있다는 것을 알아차리면 일단 노트북을 켜고 쓰는 행동을 시작합니다. 스스로가 생각을 많이 한다고 깨달은 순간에는 즉각적으로 행동을 하는 것이 생각을 멈추는 방법입니다.

즉각적으로 행동으로 옮길 수 없는 상황도 있을 수 있습니다. 이때는 생각을 멈추는 빨간색 'STOP' 단추가 머릿속에 있다고 가정합니다. 생각이 꼬리를 물고 있을 때 빨간 STOP 버튼을 누릅니다. 이는 하지 않아도 되는 생각에 몰입하는 것을 방지하는 의도적인 방법입니다. 생각하지 않아도 되는 것들로부터 나의 에너지를 사용하지 않으면 생각을 제대로 발휘해야 할 때 집중적으로 쓸 수 있습니다.

은희 씨는 최근 부서가 변경된 이후부터 생각이 많고 머리가 복잡해 업무 집중이 안 된다며 상담 시간에 이야기한 적이 있습니다. 최근 변화된 그녀 상태에 대한 이야기를 나누면서 어떻게 하면 좋을지 고민하다 선택한 방법은 아침에 일어나서 걸어보는 것이었습니다. 은희 씨는 일주일 동안 아침마다 걷기 시작했습니다. 일주일 후 그녀는 한결 밝은 목소리로 자신의 경험을 들려주었습니다. 그녀는 산책 덕분에 업무 집중도가 많이 높아졌고 좀처럼 사라지지 않았던 많은 잡념도 걷기 전과 비교해서 자신이 느낄 정도로 확연하게 줄어들었다고 했습니다.

내가 편안해지는 방법은 나에게 집중하는 것이다

자기 분야에 성취를 거두거나 성공한 사람들은 결정하면 빠르게 행동으로 옮기는 공통점이 있습니다. 작가 팀 페리스는 성공한 이들에게는 좋은 습관이 있다고 합니다. 몸을 움직이는 달리기, 등산, 테니스, 자전거 등과 같이 땀을 흘리는 운동과, 자신의 감각이나 감정에 집중하는 명상, 요가와 같은 활동들을 매일 한다고 합니다. 그들은 좋은 선택과 현명한 결정을 하기 위해 자신에게 집중하는 시간을 의도적으로 만든다고 합니다.

생각만 가득해서 아무것도 행동하지 못하고 있다면 생각을 많이 해야 할 소재인지를 먼저 파악해보세요. 생각하지 않아도 되는 일들에 지나치게 얽매일 필요 없습니다. 해결점이 보이지 않는 생각들을 붙들고 있다면 더 많은 문제만 생깁니다. 꼬리를 무는 생각 속에서 나는 편안할 수 없습니다. 내가 편안해지도록 나에게 집중하는 방법들을 시도해보시길 바랍니다.

• 나를 찾을 수 있는 감정 한 문장

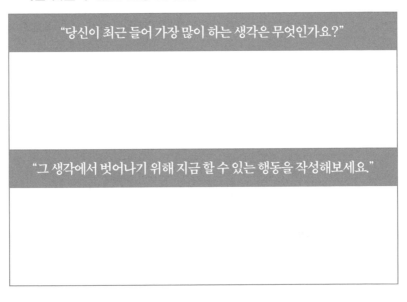

"당신이 최근 들어 가장 많이 하는 생각은 무엇인가요?"
"그 생각에서 벗어나기 위해 지금 할 수 있는 행동을 작성해보세요."

5. 부정적인 감정을 외면하면 갈등이 생긴다

"감정을 다스렸을 때 비로소 소박한 마음이 생겨나는 법이다."

달랑베르

부정적인 감정을 피하려다 생긴 갈등

저는 감정을 억압받고 자란 40대의 부모와 감정이 폭발하는 10대 청소
년 자녀 사이에서 갈등을 겪는 가족을 자주 만나게 됩니다. 곧 중학교 2
학년이 되는 민우가 감정 조절이 되지 않는다는 이유로 민우의 가족을
처음 만나게 되었습니다. 아버지의 직장 때문에 어쩔 수 없이 다른 지역
으로 전학을 온 뒤부터 민우는 많이 달라졌습니다. 처음 민우의 부모님
은 사춘기이니 때가 되면 지나가겠거니 생각했다고 했습니다. 부모님의

예상과 달리 민우는 많이 힘들어하고 있었습니다. 이사 오기 전 친한 친구들과 이별하는 것도 민우는 정말 힘들었다고 말했습니다. 민우는 친구를 사귀는 데 시간이 오래 걸리는 편으로 전학 온 학교에서 친구들 무리에 들어가는 것이 어렵다고 했습니다. 매일 등교 생각만 하면 긴장되고 기분이 나빠져서 짜증을 내게 되고 성적에 대한 스트레스도 높아져서 부모님과 대화를 할 때마다 화가 난다고 했습니다. 부모님은 자기를 이해하기보다는 무조건 참으라고 해서 서운하다는 것이 민우의 마음이었습니다.

새로운 환경에 적응하는 것은 민우의 부모님도 마찬가지였습니다. 민우 부모님도 건강하고 밝았던 아이가 우울하고 무기력한 모습을 보이니처음에는 걱정이 되었다고 했습니다. 민우가 전학 때문이라고 부모를 탓하는 말을 하면 민우에게 미안한 마음이 들면서도, 이 정도도 이기지 못하는 아이가 한심스럽기도 했다고 했습니다. 비슷하게 전학 온 직장동료들의 아이는 잘 지내는 듯한데, 적응하지 못하는 민우와 비교도 되었다고 했습니다. 급기야 아이의 투정하는 모습이 점점 보기 싫어졌고 민우의 말을 듣기가 어려워졌다고 했습니다.

민우와 부모님은 서로가 가진 부정적인 감정을 이해하지 못해 생긴 갈등이었습니다. 민우의 부모님은 아이의 부정적인 감정을 이해하고 인정하는 것이 필요했고, 민우는 부정적인 감정을 표현하는 방법을 배워야 했습니다.

부정적인 감정을 억누르지 말라

부정적인 사건을 마주하고 싶은 사람은 없습니다. 그 이유는 감정적인 불편함, 불안, 스트레스 등을 경험하고 싶지 않기 때문입니다. 부정적인 감정으로 인해서 자신이 부정적인 평가를 받게 되는 것도 원하지 않으며 그것이 실제로 일어날까 봐 걱정하거나 두려워합니다. 하지만 부정적인 감정을 경험하는 것은 삶을 살아가는 데 피할 수 없는 과정으로, 이를 피하려고 하는 것은 장기적으로 건강한 감정적 성장에 방해가 됩니다.

건강한 사람들은 자기 감정을 이해하는 능력이 뛰어나며 부정적인 감정을 잘 받아들이는 사람은 문제 해결 능력이 높습니다. 부정적인 감정을 잘 다루는 사람들은 강인한 내적 힘을 가져 스트레스 상황에서도 잘 버틸 수 있습니다. 그들은 자기 성찰 능력이 뛰어나기 때문에 자신의 감정을 잘 이해할 수 있으며, 자신에게 필요한 변화를 만들어내기 쉬워집니다. 부정적인 감정을 억압하는 것보다는 그 감정을 받아들이고 적절히

처리하는 것이 건강한 정서적 삶을 유지하는 데 도움이 됩니다.

부정적인 감정에는 교훈이 있다

"민우네 가족의 갈등을 그대로 내버려두었다면 어떻게 되었을까요?"
해결되는 것이 아무것도 없었을 것입니다. 민우와 부모님 사이의 갈등이
더 심해졌을 수도 있었을 것입니다. 하지만 민우네 가족은 부정적인 감
정을 충분히 공유하면서 성장하는 계기를 만들었습니다. 사춘기 자녀와
부모가 서로를 이해하는 대화의 시간을 갖기도 했습니다. 민우는 자신에
게 문제가 발생했을 때 어떻게 풀어가야 하는지에 대한 방법도 익혔습니
다.

우리가 겪는 대부분의 갈등은 관계 안에서 일어납니다. 갈등을 해결하
는 과정에서 관계는 성숙해지고 더 끈끈한 신뢰감을 형성하게 됩니다.
우리는 부정적인 감정을 느끼는 동안, 언제나 새로운 것을 배우고 성장
할 수 있습니다. 부정적인 감정을 느끼는 상황이 우리에게 주는 교훈이
있다는 것을 기억하세요.

• 나를 찾을 수 있는 감정 한 문장

"당신이 최근 피하고 있는 사람은 누구인가요?"

"그를 생각하면 어떤 감정이 당신에게 느껴지시나요?"

6. 당신은 게으른 것이 아니라 무기력한 것이다

"우리는 두려움의 홍수에 버티기 위해서 끊임없이 용기의 둑을 쌓아야 한다."

마틴 루터 킹

무기력도 하나의 감정이다

'무기력'은 일상적인 활동에 관한 관심, 의욕, 열정, 에너지가 상실돼서 아무것도 하지 않거나, 소홀히하는 것을 말합니다. 무기력 상태에 있는 사람은 일상생활에 생산성이 떨어집니다. 일상적인 업무를 수행하는 것이나 목표를 이루는 것에 대해 동기가 부족하여 능동적인 행동을 하지 않습니다. 무기력한 상태가 심각해지면 과도한 스트레스, 우울증과 같은 정신 건강의 문제 일부로 발전할 수 있습니다. 무기력은 의지력의 결핍이 아닌 복잡한 심리적 상황에서 발생하는 문제로 게으름, 나태, 무능력과 같은 개념들과 다릅니다.

1960년대에 미국의 심리학자 마틴 셀리그먼과 스티븐 마이어는 무기력과 관련하여 실험을 진행하였습니다. 이 연구에서는 실험 개에게 전기충격을 가합니다. 실험 개는 전기충격을 피하고자 힘껏 점프하거나 안전한 장소로 찾아 이동하려는 반응을 보입니다. 아무리 노력해도 전기충격을 피하지 못한다는 것을 학습하게 된 실험 개는 계속되는 전기충격을 더는 피하려고 하지 않습니다. 이후, 실험 환경을 바꾸어 실험 개가 전기충격을 피할 수 있게 만들었습니다. 하지만 이미 피하지 못한다는 것을 학습한 실험 개는 전기충격을 피하려고 반응하지 않았습니다. 이와 같은 상태를 '학습된 무기력'이라고 합니다. 학습된 무기력은 일정한 시간 동안 스스로가 조절할 수 없는 상황에 노출될 경우, 개인이 처한 상황을 통제할 수 없다고 생각하여 무기력 상태에 빠지게 되는 것을 의미합니다. 행동을 통한 결과가 예측 불가능하므로, 행동하지 않는 것이 최선이라고 느끼게 됩니다. 일상생활에서 내가 조절하거나 통제할 수 없는 상황들이 쌓여서 모든 것을 놓아버린 포기한 마음입니다.

무기력한 당신은 게으른 것이 아니다

　무기력은 무관심, 무감정, 무력감으로 일상생활에 관한 관심과 새로운 일에 대한 동기도 저해합니다. 특별한 활동이 없음에도 피로감, 불안, 스트레스 등의 생리적 증상을 동반합니다. 좌절, 슬픔, 회의, 불안, 두려움, 외로움, 무서움 등의 다양한 감정의 총집합체가 무기력입니다. 앞으로 나아가고 싶어도 부정적인 감정들에 압도되어 용기, 희망, 동기와 같은 긍정적 감정을 느끼지 못합니다. 어디로 가야 할지 목표도 상실하고, 열정도 없는 상태로, 내 삶의 질을 떨어뜨리는 것은 너무도 당연한 일입니다.

　지희 씨는 무기력이 날로 심해진 남편 때문에 심각성을 느끼게 되었다고 했습니다. 남편을 위해서 자신이 어떻게 해야 할지 궁금하다며 저를 만나게 되었습니다. 지희 씨의 남편 현수 씨는 몇 달째 잠도 제대로 자지 못한다고 합니다. 처음에는 대화가 없어졌고, 아이들에게 자상했던 남편의 태도가 변하는 것부터였다고 했습니다. 주말에는 항상 아이들과 시간을 보내주었는데, 침대에 누워서 꼼짝도 하지 않고 꾸준하게 해왔던 운동도 멈췄다고 했습니다. 이런 남편의 모습에 처음에 지희 씨는 회사에서 스트레스 받는 일이 있는가 보다, 며칠 앓다가 지나가겠거니 생각했다고 합니다. 하지만 지희 씨의 예상과는 달리 현수 씨의 무기력은 더 심해져서 제대로 먹지도 못하고 급기야 회사에 병가 신청을 하게 되었다고 했습니다.

최근 현수 씨처럼 무기력한 증상을 호소하는 중년 남성들이 많아졌습니다. 중년 남성의 경우에는 반복되는 실패와 좌절을 경험하면서 뜻대로 되지 않는 경험을 자주 하다 보니 무기력감도 최절정에 달하게 됩니다. 현수 씨처럼 무기력함을 느끼는 당사자는 참 힘듭니다. 삶의 의욕이 없어져 어떤 것도 하고 싶지 않고 하고 싶어도 제대로 되지 않습니다. 직장, 가정에서 해야 할 역할들이 있다 보니 억지로 해보려고 하지만 피로와 스트레스만 더 쌓이게 됩니다. 며칠 쉬거나 일상에서 벗어난다고 해서 쉽게 무기력이 해결되지도 않습니다.

저 또한 무기력을 꽤 오랫동안 경험했습니다. 원치 않은 실패와 좌절을 거듭하다 보니 한 발 내딛는 것이 아주 어려웠습니다. 무엇인가 새로운 것을 시도하는 것에 쓸 에너지가 하나도 없었습니다. 남들이 보기에는 별거 아닌 것도 저에게는 태산같이 커 보이고, 넘기가 어려웠던 적이 있습니다. 당시 저는 아무것도 하지 못하는 제가 게으르다고 생각했습니다. 왜 나는 바보같이 아무것도 하지 못할까? 저를 탓하고 비난했습니다. 두려움, 불안함, 무서움, 공포, 초조함 같은 수많은 감정이 존재했습니다. 그 감정들을 느끼기 싫어서 아무것도 하고 싶지 않았습니다. 무기력은 자신에게 희망이 없는 것처럼 어둡고 아무것도 할 수 없는 마음으로, 잿빛이 뿌려진 하늘과 같습니다. 마치 컴컴한 동굴 속에 나 혼자서 길을 찾아 헤매다 주저앉은 것 같은 기분이 듭니다.

무기력에서 벗어나려면 내가 좋아하는 작은 행동부터

잦은 실패와 좌절 속에서도 무기력에 빠지지 않고 헤어나오는 용기와 결단은 어떻게 해야 가능할까요? 저는 최근 베스트셀러『역행자』의 저자 자청의 소개가 인상 깊었습니다. 그는 오랜 기간 무기력에 빠져 아무것도 할 수 없는 실패감에 20대를 보냈다고 합니다. 회사에 취직은 할 수 있을까? 앞으로 먹고는 살 수 있을까? 자신을 믿지 못하고 의심하며 보냈다고 합니다. 20대에 자신이 할 수 있는 것은 방안에서 하는 게임뿐이었다고 했습니다. 아르바이트 자리조차 스스로 구하지 못해 그의 어머님이 도와주실 정도로 그는 세상에서 가장 못난 사람이었다고 당시의 자신을 소개합니다. 실패와 좌절을 반복한 그가 무기력에서 벗어나려고 시도한 방법은 자신의 기분, 감정 패턴을 이해하는 것이었습니다. 그는 자신의 기분 변화 등을 잘 관찰하고, 이 기분이 어디에서 오는지 확인하라고 합니다.

아무것도 하지 않는 것이 익숙해져만 갔던 제가 무기력을 이겨내려고 했던 방법도 무기력한 상황에서 빠져나오려는 것이었습니다. 제가 시도한 첫 번째 방법은 아주 작은 행동을 하는 것이었습니다. 일단 방문을 열고 나와 가장 좋아하는 장소를 하루 한 번이라도 다녀오는 것이 목표였습니다. 이왕이면 기분이 좋아지는 활동과 연결 짓는 것이 저에게 유리할 것으로 생각하여 제가 좋아하는 장소인 서점에 들르는 것과 맛있는 커피 한 잔을 사 오는 것으로 시작했습니다. 서점에 들러서는 신간 도서 코너를 구경하고 곧바로 나왔습니다. 마음에 드는 책 한 권 들고 읽을 법도 한데, 그러지 못했습니다. 다음으로 카페에 들러 커피 한 잔 사서 곧장 집으로 돌아왔습니다. 별것 아니지만 이조차도 당시 저에게는 용기를 내서 한 행동이었습니다. 무기력은 또 다른 무기력을 만듭니다. 새로운 활동, 사람에게 흥미를 갖는 데에는 시간이 오래 걸리지만, 잊어버리는 것은 너무 빠릅니다. 빠르게 전염되는 무기력은 삶의 전반을 멈추게 합니다. 작은 것에서부터 멈춘 일상은 자신도 눈치채지 못합니다.

저는 지희 씨에게 남편을 데리고 병원에 내원하라고 했고 아주 작은 행동부터 함께 시작해보라고 권했습니다. 그리고 그녀에게 덧붙였던 말은 현재 한 걸음도 나아가기 어려운 무기력한 현수 씨를 따뜻하게 바라봐주고 그가 자신을 탓하지 않도록 도와주라고 했습니다. 무기력은 아픈 감정이라 도움이 필요한 상태입니다. 만약 과거의 제가 게으른 게 아니라 무기력한 것이라고 누군가가 알려줬더라면 저는 제 자신을 조금 덜 미워했을 거란 생각이 듭니다. 무기력은 게으른 당신 탓이 절대 아닙니다. 지금 아무것도 할 수 없어 힘든 당신에게는 위로와 격려가 필요합니다.

• 나를 찾을 수 있는 감정 한 문장

"무기력에서 벗어나기 위해서
내가 할 수 있는 작은 행동은 무엇일까요?"

7. 마흔에 넘어선 열등감은 기적이 된다

"모든 사람에게는 열등감이 있습니다. 그러나 열등감은 질병이 아닙니다. 우리가 도전하고 발전하는 데 필요한 자극제라 생각하는 편이 낫습니다."

알프레드 아들러

자존감이 낮아서 문제입니다

"저는 자존감이 낮은 거 같아요." 최근 몇 년 사이 이와 같은 고민을 하는 어른들이 많아졌습니다. 교육 전문기업 '휴넷'에서 942명 직장인 대상으로 자존감 조사를 한 결과 10점 만점에 평균이 5.7점으로 나타났습니다. 대체로 성인들은 자신의 자존감이 높지 않다고 생각하고 있었습니다. 우리가 자존감이 낮다고 생각할 때는 언제일까요? 열등감을 느끼는 순간입니다. 열등감은 자신이 다른 사람보다 덜 가치 있다고 느끼는 감정입니다. 자기 스스로 만족하지 못하고 비하하는 생각이 많은 이에게 자주 나타나고 있으며, 이는 다른 사람들과 비교하여 자신의 능력이나 성과가 부족해 보일 때 더욱 강해집니다.

지금의 40대는 코로나가 가져온 디지털 대전환으로 다양한 플랫폼을 활용해 삶의 방향이 달라지는 사회적 변화들을 겪고 있는 중심 세대이기도 합니다. 사회 변화에 대응하기 위해 부지런히 준비하는 마흔은 출판업계 1순위 고객들이라는 것으로 증명됩니다. 이 시대 마흔은 그야말로 혼자 낙오되지 않도록 고군분투하고 있습니다. 이런 노력에도 불구하고 끊임없이 비교되고, 쫓아가지 못한 자신을 탓하게 되어 자존감이 매일 무너진다고 호소합니다.

타인과의 비교는 나에게 주는 상처

마흔에는 직장에서도 승진할 기회가 줄어들어 은퇴를 자주 생각하게 됩니다. 승진을 위해 노력을 해볼까? 하다가도 죽도록 일만 하다가 건강이 와르르 무너지는 주변인들을 보니 미친 듯이 일에만 매이는 것도 아니라고 생각합니다. 친구들, 동창 모임에서의 화두는 성공적으로 퇴사하는 방법입니다. 퇴사 후 어떻게 살 것인가? 마음은 더 조급해집니다. 나만 홀로 뒤처지고 있는 것이 아닌지? 주변을 살피며 비교합니다. 타인과의 비교가 나에게 좋지 않다는 것을 알기에 비교하며 더 불안해합니다.

김미경은 『김미경의 마흔 수업』에서 우리가 40대가 되면 삶이 안정되고 모든 면에서 정점을 찍을 거란 기대는 마흔에 대한 고정 관념 때문이라고 합니다. 그녀는 비교에는 큰 함정이 있다고 했습니다. 우리가 비교할 때는 상대의 가장 잘난 모습인 최정상을 보며 비교를 하는 것이라 처음부터 불공정한 거래라고 합니다. 그녀의 말처럼 우리가 열등하다고 생각할 때는 누군가의 영광의 순간과 나를 비교했을 때입니다. 이는 달리기 경주에서 먼저 뛰기 시작한 상대를 뒤에서 쫓아가는 경우와 같습니다. 앞서 달리는 이의 뒷모습만 보며 뛰어야 하는 나는 그도 나처럼 온갖 힘을 주며 뛰리라는 것을 알지 못합니다.

2000년, 스물세 살이었던 이지선 씨는 학교 도서관에서 공부를 마치고 오빠 차로 귀가하던 중 음주 운전자가 낸 7중 추돌 사고로 전신 55%, 3도 중화상을 입었습니다. 현재 40대의 나이가 된 그녀가 자신의 모교인 이화여자대학교 교수로 강의를 시작했다는 뉴스를 보았습니다. 인터뷰하는 그녀의 이야기를 들으면서 가슴이 뭉클해졌습니다. 삶은 고귀하고 아름답고 가치 있는 것임을 보여주는 그녀였기 때문입니다. 가장 아름다운 20대를 수술과 재활로 보낸 그녀는 오늘의 과정까지 보통의 사람이 경험할 수 없는 것을 겪었습니다. 그녀의 극복 과정은 참으로 경이롭고 자신의 가능성과 가치를 믿고 삶을 살아간 표본이라는 생각이 들었습니다. 이지선 그녀가 일궈낸 것들은 모두 기적이었습니다.

저도 누구 못지않게 열등감을 자주 느끼며 성장했습니다. 열등감의 시작은 어린 시절의 가난이었습니다. 집안의 가세가 기울어 온 가족이 다 흩어져서 지내야 했던 청소년기가 그렇게 싫었습니다. 한참 예민하고 타인의 시선을 많이 의식하는 때여서 더욱 신경이 쓰였고 어려운 가정환경은 꼭꼭 숨기고 싶어 했습니다. 가난 때문에 많은 것들을 참아야 했기에 가난하다는 것을 인정하기 싫었습니다. 남들과 다른 가족 환경을 끊임없이 비교했었습니다. 시간이 지날수록 점점 저 자신을 속이며 없는 데도 있는 척하기 시작했습니다. 생활비를 벌어야 하니 친구들과 놀 수 없었는데 그렇게 말하지 못해 거짓말하기도 했었으니까요. 원하는 대학을 등록하려면 등록금을 내야 하는 방법을 찾아야 하는 저와 친구들의 합격 기쁨을 비교하기가 싫어 고등학교 졸업식도 가지 않았습니다. 원하는 대학을 가지 못하자 그 이후로는 대학이라는 타이틀이 저에게 또다시 비교로 남게 되었습니다. 열등감은 점점 분노와 화라는 감정으로 변하고 커졌습니다.

열등감을 재해석하라

　심리학자 알프레드 아들러는 자신의 열망이 막혀 있을 때 열등감을 느끼는 것이라고 했습니다. 그는 열망을 찾아서 차근차근 실행해나간다면 열등감은 자연스럽게 사라지고 오히려 나의 강점으로서 변화의 무기가 된다고 했습니다. 열등감은 인간이 가지고 있는 본능 중 하나로 열등감이 형성되는 요인은 어린 시절의 경험, 가족 구성원의 관계, 그리고 사회적 환경들입니다. 개인에게서의 열등감은 태어나서 죽을 때까지 삶에 큰 영향을 줍니다. 아들러는 인간 욕구의 열등감은 행동의 원동력이라고 했습니다. 삶은 열등감을 극복하는 과정의 연속이라고 그는 생각했습니다. 열등감을 이겨내고 극복하는 순간에서야 자신의 가치를 인정하고 자기 삶을 살게 되므로 열등감은 삶에서 가장 중요한 감정 중 하나입니다.

　제가 품었던 열등감을 재해석해보면 지금은 완전히 다르게 보입니다. 사업 부도로 인해 가난해진 가정 형편은 제 탓이 아닌, 제가 어찌할 수 없는 영역이었습니다. 그때 당시 내가 힘들어진 집안 환경을 인정하고, 주변인에게 알리고 도움을 구했더라면 다른 선택들이 있지 않았을까? 생각합니다. 무엇보다 저를 속이지 않아도 되니 제가 덜 힘들고 외로웠을 거 같습니다. 그때 그 선택들이 최선이었다는 것을 수용하게 되기까지는 많은 시간이 필요했습니다. 시간이 흘러 열등감은 열망으로 바뀌어 하나씩 품었던 꿈들을 이뤄가기 시작했습니다. 열등감 때문에 앞으로 나아가기 위해서 애썼던 과거의 시간은 이제는 다르게 보입니다. 그 시간이 제 삶의 기적 같은 순간들입니다.

지금 나를 괴롭히는 열등감은 열망으로 바꿔야 할 과제입니다. 내게 열등감을 주는 것들이 내가 해결할 수 없는 것이라면 인정하면 그만입니다. 인정해버리는 순간 더는 나에게 열등감이 되지 않습니다. 삶을 살아가는 것은 자신의 가치를 인정하고 그 가치를 실현해나가는 것이 목적입니다. 무한한 가치를 지닌 자신의 가능성을 믿어보시기 바랍니다. 기적은 타인이 만들어주고 불러주는 것이 아니라 스스로가 만드는 것입니다. 당신의 열등감을 넘기는 순간이 당신에게도 기적이 됩니다.

• 나를 찾을 수 있는 감정 한 문장

"당신이 가진 열등감은 무엇인가요?"
"이 열등감을 넘어서서 기적으로 만들기 위해서는 무엇을 할 수 있을까요?"

Mind
Reader

3장

성숙하게
나이 들고 싶은 마흔은
감정을 공부한다

1. 당신은 감정을 모르지 않는다

"논리는 사람들을 사고하게 만들지만, 감정은 사람들을 행동하게 만든다."

지그 지글러

감정이 없는 사람은 없다

은혜 씨는 최근 들어 중학교 2학년이 된 큰아들 병훈이와 자주 의견 충돌이 생겼습니다. 그녀는 아들 병훈에 대해서 "아이가 공감 능력이 떨어져요."라며 아들이 상담을 통해서 공감 능력을 높였으면 좋겠다고 답답함을 토로했습니다. 은혜 씨는 아들과의 문제를 남편에게 말했지만 남편은 전혀 신경 쓰지 않는다며 이번에는 남편에 대해서 불만을 말했습니다. 병훈이로 시작된 이야기는 어느새 남편에 대한 불만, 부부 사이의 갈등으로 화제가 전환됩니다. 은혜 씨와 같이 자녀 문제로 상담을 시작했다가 부부 사이의 갈등까지 발견되어 가족 상담으로 전환되는 경우는 빈번합니다. 사춘기 자녀 문제가 촉발되면서 묵혀왔던 중년 부부의 문제가 수면 위로 올라오기 때문입니다.

전업주부인 은혜 씨는 평생 혼자서 육아를 맡아왔고 자녀가 어렸던 유아 시절의 고달픔과 그간의 서러움이 한꺼번에 그녀를 덮쳤습니다. 자신의 이런 마음도 알아주는 않는 남편과 병훈이가 똑같다며 병훈이의 공감 능력은 다 남편으로부터 물려받았다고 남편 탓으로 돌렸습니다. 우리는 다양한 인간관계 속에서 공감 능력이 유독 낮은 사람을 만나기도 합니다. 공감 능력이 낮은 사람과의 관계가 힘든 것은 존중받지 못한다는 생각이 들기 때문입니다. 공감 능력은 감정을 이해하는 정도로 소통이 잘 이뤄지지 않고 답답함을 자주 느낀다는 것은 감정 소통이 안 되고 있기 때문입니다. 공감 능력이 떨어지는 것은 감정을 제대로 표현하지 못하는 것이 핵심문제입니다.

감정 표현이 어려운 이유

"감정을 표현하는 것이 왜 그렇게 어려울까요?" 감정을 표현한다는 것은 자신의 취향, 성격, 생각 등을 드러내는 것입니다. 타인에게 자신의 모습을 솔직하게 드러내는 것은 나이가 들수록 더욱 어렵습니다. 그 이유는 다음과 같이 정리할 수 있습니다.

첫째, 솔직한 모습을 드러낸 자신에 대한 다른 사람들의 반응을 예측하기 어렵기 때문입니다. 만약 거부를 당하게 된다면 상처를 입을 수도 있습니다. 감정에 솔직해져 상처를 입을까 봐 두려워지기에 자신을 드러내는 것이 어렵습니다.

둘째, 감정을 표현하고 난 뒤 상대방의 반응에 대한 나의 대처 능력 때문입니다. 거부당했을 경우 상대 앞에서 자신이 어떻게 대처해야 하는지 부끄러움을 느낄 수 있습니다. 상대방이 감정 표현을 받아들이지 않으면 자신은 어떻게 해야 할지 막막합니다.

셋째, 왜곡된 사고가 원인이 되기도 합니다. 감정 표현을 하면 자기 약점이나 취약한 면을 드러내는 것으로 생각합니다. 인간은 자신을 괜찮은 사람으로 인식하는 경향이 강하므로 자기의 취약함을 인정하는 것은 어려운 일입니다. 이런 편견은 가뜩이나 어려운 감정 표현을 더 어렵게 만듭니다.

넷째, 자신이 느끼는 감정이 자신에게 불안을 높이는 경우입니다. 감정이 불안의 요소로 작용한다면 감정 표현이 어렵습니다. 이러한 이유로 사람들은 감정 표현을 어렵게 여기고 두려워하기도 합니다.

공감 능력은 감정을 이해하는 것으로 소통에서 중요한 기술입니다. 은혜 씨는 남편이 자신의 감정을 이해하지 못하는 것에 서운함을 느끼고 있었습니다. 그녀가 느끼는 서러움의 깊이는 아이들이 크면 결혼 생활을 정리하고 서로 남남처럼 살아야겠다는 결심까지 하게 했습니다. 중년들은 감정을 표현하는 것에 매우 서툽니다. 공감을 받고 싶어 한 은혜 씨도 예외는 아니었습니다. 저는 은혜 씨에게 남편에게 어떻게 이야기했는지 구체적으로 물어보았습니다. 하지만 그녀는 자신이 공감을 받고 싶어 하는 부분이 무엇이며, 그 상황에 자신은 어떤 감정을 느꼈는지 남편에게 이야기하지 않았습니다. 은혜 씨가 남편에게 한 이야기는 힘든데 왜 힘든 자신을 몰라주냐며 남편을 탓하는 말들이었습니다. 그녀가 어떻게 힘든지 말하지 않으니 남편은 그저 잔소리가 또 시작되었구나! 생각하며 그녀의 말을 흘려보냈습니다.

공감 받기 위해서는 상대가 이해할 수 있도록 자기 감정을 표현해야 합니다. 상대는 감정 표현을 통해서 내가 어떤 상황에서 어떤 기분을 느끼는지를 이해할 수 있습니다. 내 감정을 표현하는 것은 상대가 나를 공감하고 동조할 수 있게 도와주는, 서로를 이해하는 기본입니다. 감정을 표현하고 존중함으로써 서로 다른 부분을 타협하고, 배려하고 있음을 전달합니다. 가슴에 묵혀둔 또는 솔직한 자신을 이야기하는 것만으로도 우리는 많은 위로를 받습니다. 자신을 억압하지 않고 자유롭게 표현하는 것은 스트레스를 줄여주고 내면의 안정을 유지하는 데 도움이 됩니다. 자신의 감정을 솔직하게 표현하는 것을 반복하고 서로의 존중과 배려의 경험을 쌓으면서 깊은 관계를 맺게 됩니다. 서로의 정서적인 공감과 열린 대화는 관계에서 깊은 신뢰를 만드는 요소니까요.

은혜 씨가 가장 먼저 해야 할 것은 타인에게 감정을 인정받으려는 것에 앞서 스스로가 느끼는 감정을 자신에게 먼저 표현하는 연습이었습니다. 자기 감정을 자신이 먼저 이해하고 알아주는 것이지요. 나조차 모르는 감정을 누군가 대신 알아주기는 어렵습니다. 은혜 씨의 감정에 맞춰서 아들 병훈이가 행동하는 것은 병훈이가 엄마의 눈치를 보는 것이지 엄마의 감정에 공감하는 것은 아니니까요. 자신이 느끼는 감정을 꾸준히 관찰하고 이해하려는 노력은 자기 인식 개선에도 큰 도움이 됩니다. 내가 느끼는 감정을 새롭게 깨닫게 되기도 하고, 생각지 못한 곳에서 흔들리는 자신을 발견하게 됩니다. 자신의 행동과 표현에 대한 잘못된 방식을 수정할 수도 있습니다. 자신이 몰랐던 다양한 감정에 대해서 인식하고 나면 자기 감정을 제어하는 주인공이 자신이 됩니다. 숨기고 감추었던 감정에 긴장하지 않아도 되기 때문에 자기 감정에 빗장을 풀어 자유롭게 드나들수록 유연해지고 편안함을 느낄 수 있습니다.

우리의 감정은 이해받을 자격이 있다

감정을 느끼는 주체는 나로서, 가장 먼저 알고 이해하는 것도 당연히 자신입니다. 기쁜 상황에 기쁨을 느끼는 것은 자연스러운 것입니다. 또 슬프고 외로운 환경에서 고독하고 쓸쓸한 감정 또한 당연합니다. 공기가 맑고 화창한 날 울창한 숲속을 거닌다고 상상해보았을 때 그곳에서 얻은 감정도 내가 느낀 감정대로 표현됩니다. 쉴 새 없이 지저귀는 맑은 새소리, 땀방울이 씻겨 나갈 만큼 선선한 바람에서 느껴지는 감정이 누군가에게는 상큼함일 수도 있고 당신에게는 다르게 표현될 수도 있습니다. 어떤 환경, 상황에서든지 우리는 감정을 느끼고 다양한 삶 속에서 스치고 지나갑니다. 감정이 없는 것이 아니라 감정을 표현하지 않는다는 것이 옳은 표현입니다.

지금까지 마음 편히 자신의 감정을 이해하지 못하고 살았다면 그만큼 긴장된 나날을 보냈을 가능성이 높습니다. 또는 좋은 감정보다 우울하고, 슬프고, 외로운 감정이 많아서 이러한 감정을 느끼고 싶지 않아서 외면했을 수도 있지요. 어떤 것이든, 무슨 감정이든지 당신이 느끼는 것들을 마음껏 표현하고 다독여주시길 바랍니다.

당신의 감정은 충분히 이해받을 자격이 있습니다.

• 나를 찾을 수 있는 감정 한 문장

> "오늘 당신이 느낀 감정 중에
> 가장 이해받고 싶은 감정은 무엇인가요?"

2. 감정을 알아야 책임도 질 수 있다

"외적인 영향에 좌우되고 싶지 않다면 먼저 자기 자신의 격렬한 감정부터 초월해야
한다."

사무엘 존슨

감정은 죄가 없다

"당신은 어떤 색을 좋아하시나요?" 저는 요즘 초록색이 참 좋습니다.
어떤 색이든 다 아름답지만, 지금은 그렇습니다. "초록을 좋아하는 제가
이상한가요?" 아니라고 대답하셨죠. 어떤 색을 좋아하든 그것은 개인의
생각이고 특정 색을 선호하거나 선택한다고 해서 잘못되거나 틀린 것은
아니니까요. 우리의 감정도 이와 마찬가지입니다. 행복, 즐거움, 슬픔,
외로움, 화남 같이 각각의 감정은 개인이 느끼는 고유 영역입니다. 주관

적으로 내가 무엇을 느끼는지는 자기표현으로, 이를 주장한다고 나쁘다거나 비난받아야 할 것은 아닙니다.

우리는 부정적인 감정에 대해서는 표현하는 것을 거북스러워합니다. 내가 부정적인 감정을 표현해야 할 때나 상대의 표현을 들을 때, 불편한 마음이 듭니다. 누군가 화를 낼 때는 그 모습이 보기 싫어서 눈살이 찌푸려지기도 합니다. 마트에서 우는 아이를 화가 잔뜩 난 눈으로 쳐다보고 있는 부모는 아이의 울음이 빨리 그치길 간절히 바랍니다. 우는 아이를 달래었다가 협박 아닌 협박도 합니다. 오지도 않을 경찰 아저씨가 당장 잡으러 온다고 말입니다. 아이가 숨이 넘어가도록 우는 이유를 부모는 잘 알고 있지만 길어지는 아이 울음을 받아줄 수가 없습니다. 사랑하는 내 아이일지라도 부정적인 감정은 받아들이기가 쉽지 않습니다. 아이들은 감정을 말로 표현하기까지 많은 시간이 걸립니다. 울음은 아이들이 슬픔, 화남, 속상함, 아픔, 두려움 같은 감정을 표현하는 방식입니다. 아이의 우는 행동은 가장 솔직하게 자신의 감정을 행동으로 보여주는 것입니다.

아이들보다 어른들이 감정을 옳지 않은 방법으로 표현할 때가 더 많습니다. 예를 들어 부부 싸움만 생각해보더라도 금방 이해할 수 있습니다. 자녀들이 있음에도 화가 잔뜩 난 목소리와 표정으로 상대에 대한 트집을 늘어놓으며 감정을 쏟아냅니다. 싸움 이후는 서로 눈도 마주치지 않고 냉랭하게 보냅니다. 아이들은 엄마, 아빠의 부정적인 감정에 숨죽여 지냅니다. 또는 부모의 감정에 따라서 자신의 행동을 어떻게 해야 할지 눈치를 살피기도 합니다. 화남, 서운함, 슬픔의 감정을 느낀 것은 잘못이 아닙니다. 누군가의 비난을 받아야 할 이유도 없습니다. 우리가 감정을 받아줄 수 없는 것은, 옳지 못한 방법으로 감정을 표현하기 때문입니다. 화가 난 감정을 물건을 던지는 행동으로 표현하는 등 서운한 감정을 상대에게 피해를 주는 방식으로 표현하는 것은 잘못된 감정 표현입니다.

최근 학교폭력을 소재로 한 〈더 글로리〉라는 드라마가 뜨거운 반응 속에 종영하였습니다. 드라마 속 등장하는 인물들 모두가 자신의 감정을 옳지 않은 방법으로 표현하는 총 집합체였습니다. 감정의 변화를 전혀 느낄 수 없는 학교폭력의 피해자였던 주인공 문동은 즐거움도 기쁨도 느끼지 않으려고 악착같이 노력하였습니다. 무표정한 그녀의 모습은 그녀가 무엇을 느끼는지 전혀 가늠할 수가 없게 합니다. 기쁜 상황, 행복한 상황에서조차 그녀는 무감각해 보였습니다. 많은 이들에게 화제가 되기도 했고, 저에게도 기억 남는 장면 중 하나는 전재준이라는 극 중 인물이 딸의 학교로 가는 장면입니다. 화를 주체하지 못한 그는 위태롭게 운전하는 모습과 함께 온갖 비속어로 자신의 감정을 폭발시켰습니다. 그의 분노를 나타내는 원초적인 행동들은 마치 동물과도 같았습니다. 박연진이라는 인물은 타인의 감정을 전혀 느끼지 못하는 것으로 보여 충격이었습니다. 그녀는 자신의 행동이 딸과 남편에게 어떤 상처와 고통을 주는지 전혀 신경 쓰지 않았습니다. 우리는 이들처럼 감정대로 행동하는 어른들을 성숙하지 못하다고 합니다. 매일 뉴스를 통해 전해지는 사건 사고는 감정대로 행동한 어른들 소식이 대부분입니다. 자신의 화를 주체하지 못해 누군가를 물리적으로 공격하는 것, 자신의 쾌락을 위해 타인에게 피해를 주는 행위들입니다. 감정이 폭력으로 표현되는 순간 사회적으로 용인될 수 없는 결과를 낳습니다.

감정도 정량에 맞게 표현해야 한다

감정 표현이 타인에게 적절하게 수용되기 위해서는 넘치지도 모자라지도 않아야 합니다. 저는 감정을 지나치게 과장하며 표현하는 사람을 만나고 온 날은 피곤함을 느낍니다. 상대방이 감정을 필요 이상으로 극대화하여 표현할 때는 오히려 대화 집중에 방해가 됩니다. 강력한 감정 표현에 압도되어 본연의 감정을 이해하기 어려워지기 때문입니다. 이와 반대로 감정을 제한하거나 숨기는 사람도 감정대로 행동하지 않는 것입니다. 앞서 말한 〈더 글로리〉 드라마 속 문동은이라는 배역을 생각하면 쉽게 이해가 될 수 있겠습니다. 지나치게 억제하고 누르는 사람과의 소통도 어렵습니다. 감정이라는 그릇에 담아야 할 감정이 지나치게 많거나 적다면 적절한 양만큼 담도록 노력해야 합니다.

적정하게 감정을 잘 표현하는 롤 모델을 한번 찾아보겠습니다. 〈더 글로리〉에서 유일하게 감정을 솔직하고 적절하게 표현하는 인물이 있었습니다. 극중 문동은의 복수를 도와준 강현남이라는 인물입니다. 강현남은 오랜 기간 남편으로부터 가정폭력을 당했고, 고달픈 삶을 하루하루 버티고 있었습니다. 아슬아슬한 복수극을 조력하면서 그녀는 순간, 현실에 가장 적절한 감정을 표현하였습니다. 그녀의 삶의 9할은 고통이고 공포와 같은 감정이었지만, 문동은이라는 인물과 함께하는 1할에서는 희망과 기쁨의 감정도 느꼈습니다. "왜요? 매 맞고 사는 년은 웃지도 않고 사는 줄 알았어요? 난 매 맞지만 명랑한 년이에요. 명랑하지만 명랑할 기회가 없다가 숨이 쉬어져서 자꾸만 웃게 돼요." 그녀의 대사를 통해 강현남이라는 인물이 자신의 감정을 얼마나 잘 인식하고 표현하는지 보여줍니다. 자신의 감정을 솔직하게 표현하는 그녀의 모습에서 극중 강현남에게 호감을 느끼며 더 응원하게 되었습니다.

당신은 어떻게 감정 표현을 했는가?

감정 표현이 인간관계에서 매우 중요하다는 것은 계속 강조해도 지나치지 않습니다. 감정 표현하는 방법을 익히는 것은 어린 시절부터 시작되어야 합니다. 가장 초기의 감정 표현 학습은 유아기에 이루어지며, 부모나 주변 성인들이 모델링과 교육이 중요합니다. 이미 다 자란 어른의 경우, 제대로 교육받지 못했다 할지라도 감정 표현은 살아 있는 동안 평생 이뤄지므로 지금이라도 충분히 연습하면 향상될 수 있습니다.

습관을 바꾸기는 쉽지 않습니다. 자신이 평소와 다르게 한다고 무엇이 달라질까 회의적으로 생각해 주저할지 모릅니다. 하지만 어른으로서의 성숙하지 못한 태도에는 냉정한 시선이 따르는 법입니다. 감정 값만큼 감정의 행동 값이 나오지 않으면 "나이를 헛먹었네!"라는 비난을 감당해야 합니다. 적절한 감정 표현을 선택하는 능력은 중년의 인간관계에서는 중요합니다. 한 번도 생각하지 않았던 나의 감정들에 대해서 스스로 묻는 것은 나의 마음을 살피는 첫걸음입니다. 그동안 감정을 어떻게 표현해 왔는지를 먼저 살펴보시기 바랍니다. 감정이 흘러넘치도록 과잉적으로 표현했는지, 지나치게 부족하게 절제하였는지, 나의 표현방식을 알게 되었다면 이미 변화는 시작된 것입니다.

• 나를 찾을 수 있는 감정 한 문장

> "당신의 감정 표현방식은 흘러넘치도록 과잉적인가요?
> 지나치게 절제했나요?"

3. 타인의 비난에 흔들리는 당신

"비판, 비난하거나 불평하는 것은 어떤 바보라도 할 수 있고, 대다수의 바보들이 그렇게 한다."

벤자민 프랭클린

타인에 비난 때문에 무능력해진다면

타인에게서 비난을 듣는다는 것은 참 힘들고 고통스러운 일입니다. 특히 가까운 사이로부터 듣는 비난은 견디기가 어렵습니다. 미선 씨는 남편의 비난 때문에 힘들다고 토로했습니다. 그녀는 남편과 일찍 결혼해서 아이 넷을 낳았고 어느덧 큰 아이가 고등학생이 되었습니다. 큰아이 문제 때문에 저와 연이 닿아서 만나게 되었지만, 부부 문제가 더 심각한 상태였습니다. 아이들 앞에서도 남편은 그녀를 향해 무능력하고 쓸모없는 사람이라는 말을 서슴없이 한다고 했습니다. 여과 없이 그녀에게 비수를 쏟아내는 남편은 결혼생활 내내 외도를 반복했다고 했습니다. 지금까지 마음 편한 날이 없었던 그녀는 건강까지 나빠져 최근 수술까지 하게 되었습니다. 수술 이후에 남편의 비난은 더 강해졌다고 했습니다. 몸이라도 건강해서 돈이라도 벌어와야 하는데 할 줄 아는 게 아무것도 없다는 말까지 들었다고 했습니다. 그녀의 이야기를 듣는 동안 어떤 위로도 하기 어려울 만큼 안타까웠습니다.

한편으로는 이토록 부도덕하고, 성격 고약한 남편은 무엇 때문에 그녀를 비난하는지, 미선 씨는 왜 이 비난을 견뎌내는지 궁금했습니다. 저는 어찌해서 이렇게 참고 지내는지 그녀에게 물었습니다. 그녀는 네 명의 아이들 때문이라고 했습니다. 그녀의 대답을 예상하지 못한 것은 아니었습니다. 저 역시도 아이를 키우는 엄마로서 아이들에게 상처 주고 싶지 않은 마음이 이해가 되고도 남았습니다. 하지만 부부의 불행한 모습을 보고 자란 아이들이 과연 행복할까? 걱정도 되었습니다. 그녀는 고3인 큰아이가 성인이 되면 남편과 이혼을 하고 그만 살겠노라고 했습니다. 저는 그녀에게 그것이 어떤 의미냐고 묻자, 자신이 집을 나가면 남편이 상간녀를 집으로 데리고 올 것이라서 지금 집을 나가면 안 된다고 했습니다. 그녀는 가족의 자리를 벗어나는 것을 두려워했습니다. 저는 이

왕 용기를 내서 상담하였으니 더 큰 용단을 내려 남편과 함께 부부 이야기를 나눠보는 것이 어떻겠냐? 제안했습니다. 그녀는 손사래를 치면서 남편과의 만남은 선을 그었습니다.

비난하는 사람들의 특징

타인의 비난은 마음에 상처가 되고 아픕니다. 그녀처럼 비난하는 상대가 내 삶의 소중한 사람이라면 무슨 말이 더 필요하겠습니까? 그녀의 남편처럼 유독 비난을 많이 하는 사람들의 특징이 있습니다.

첫 번째, 부정적인 태도
비난하는 사람들은 일반적으로 부정적인 태도를 보입니다. 다른 사람들에 대해 비판적인 시각을 가지고 있으며, 문제를 찾고 해결하는 대신 단지 비난만 하려고 합니다. 대부분의 일과 상황에 대해서 대체로 만족을 하지 못합니다. 항상 무엇인가를 부족하게 느끼고 이러한 것을 다른 사람에게 책임을 전가하려는 경향도 높습니다.

두 번째, 자신감 부족

비난하는 사람들은 자신감 부족으로 인해서 타인을 비난합니다. 다른 사람들을 공격하는 것으로 자신을 보호하려고 하는 경우가 많습니다. 자신의 판단이 틀릴 것 같아서 결정을 미루거나 다른 사람들의 도움을 통해서야 해결합니다.

세 번째, 낮은 자존감

비난하는 사람들은 자존감이 낮습니다. 다른 사람들을 비난함으로써 자신을 더 우수하게 느끼려고 합니다. 자신에 대한 불신이 높고 자신의 능력을 직면하기가 어려우므로 비난이라는 방법으로 피해 가는 경향이 있습니다.

네 번째, 불안

비난하는 사람들은 종종 불안을 느끼며, 다른 사람들이 자신을 받아들이지 않을까 하는 걱정을 합니다. 이런 불안감이 그들의 부정적인 태도와 비난을 부추깁니다. 자신이 제어할 수 없는 것들에 대해 과도하게 걱정하며, 완벽주의적인 사고방식을 가지기도 합니다. 이러한 강박적 사고방식은 다른 사람들의 행동을 지나치게 비판적으로 바라보게 만들 수 있습니다.

다섯 번째, 업무처리 능력 부족

비난하는 사람들은 종종 문제를 해결하는 대신 단순히 문제를 지적하려고 합니다. 이러한 태도는 업무처리 능력 부족과 관련될 수 있습니다. 자신에게 능력이 없다고 생각하여 업무에 대한 불안감을 느낄 수 있고, 부정적인 자기 평가는 다른 사람들에 대한 비판으로 나타날 수 있습니다. 또, 종종 책임을 회피하려고도 합니다.

여섯 번째, 감정조절 부족

비난하는 사람들은 자신의 감정을 제어하는 것이 어려울 수 있습니다. 부족한 감정조절 능력은 비난과 공격적인 행동을 유발할 수 있습니다.

일곱 번째, 사회적 지지 부족

비난하는 사람들은 사회적 지지를 받지 못하거나 사회적으로 고립된 상태일 수 있습니다. 이러한 상황은 그들의 부정적인 태도와 비난을 더욱 부추길 수 있습니다. 사회적 지지가 부족한 사람들은 자신에 대한 부정적인 자아상을 가지고 있을 가능성이 큽니다. 이들은 자신이 가치 있는 인간이 아니라고 생각하거나, 다른 사람들과는 다른 존재라고 느낄 수 있습니다.

비난하는 사람들의 특징을 통해서, 그들의 비난은 자신의 문제를 해결하지 못해서 나타나는 잘못된 습관이라는 것을 알 수 있습니다. 비난은 상대와의 관계를 유지할 마음도, 좋은 방향으로 신뢰를 지속할 생각도 없을 때 하는 것입니다. 우리는 타인의 비난을 나의 것으로 받아들일 필요가 없음에도 타인의 비난에 흔들립니다.

타인의 비난에 흔들리지 않을 선택은 나에게 있다

타인의 비난 때문에 자신을 더 비난하는 것이 더 큰 문제입니다. 타인을 비난하는 사람과 타인의 비난 때문에 흔들리는 사람에게는 공통점이 있습니다.

첫 번째, 낮은 자존감입니다. 자기를 불신하고 나에 대해서 부정적인 자아상을 가지고 있습니다. 자신을 충분히 믿지 못하고, 자신이 옳다고 생각하는 것조차도 의심합니다.

두 번째, 감정 표현을 못합니다. 자기 감정을 인식하지 못해 표현할 수가 없고 자기 인식이 낮으니 비난이 주어진 상황에서 대처 능력을 상실합니다.

세 번째, 타인의 평가에 대한 의존도가 높습니다. 자신이 옳다고 생각하는 것보다 타인의 평가가 더 중요해서 자기 결정을 할 수가 없습니다.

호주 멜버른 대학교에서 발표한 연구에 따르면 비난에 대해서 영향을 많이 받는 사람과 그렇지 않은 사람의 차이가 있었습니다. 비난을 받았더라도 큰 영향을 받지 않은 사람들은 자기 삶을 안정적으로 느끼고 있었습니다. 그들은 주변 환경에 대한 변화와 불확실성을 제대로 지각하고 대처했습니다. 예상치 못한 변화에도 대처하는 능력이 높아 예측되지 않는 상황에서도 안정적일 수 있었습니다. 자신의 행동을 조절하여 원하는 결과를 얻을 수 있다고 생각하는 사람은 비난을 받아도 자아개념에 영향을 받지 않습니다. 비난을 받은 상황에서는 개인이 수정하거나 개선할 수 있다고 판단해 상황을 조절하고 문제를 해결할 수 있다고 생각하여 타인의 비난에 흔들리지 않았습니다.

몇 번의 상담을 했지만, 미선 씨는 아무런 변화를 시도하지 못했습니다. 계속해서 남편으로부터 받았던 비난만 하소연할 뿐, 현재 상황을 변화시키기 위해서 한 발짝도 떼지 못했습니다. 얼마 지나지 않아 그녀는 상담도 중단하였습니다. 그녀가 가장 큰 두려워했던 것은 결혼 생활을 중단하게 된다면 남편의 비난이 사실이 되는 것이라는 믿음 때문이었습니다. 아이도 제대로 키우지 못하고 아무것도 할 줄 아는 것이 없는 쓸모없는 사람이 되어버린다는 남편의 이야기처럼 되지 않고자 그녀가 선택한 방법은 지금 현재를 유지하는 것이었습니다. 그녀가 비난에 맞서는 데에는 용기와 시간이 필요해 보였습니다. 비난에 흔들리지 않을 선택은 자신에게 있습니다. 누군가의 비난에 자기 존재감까지 흔들리지 않기를 바랍니다.

• 나를 찾을 수 있는 감정 한 문장

> "누군가로부터 비난을 받아 상처받은 경험이 있었다면
> 그 비난은 어떤 것이었나요?"

> "이 비난으로 당신이 영향 받지 않기 위해 당신은 자신에게
> 무엇을 할 수 있을까요?"

4. 사랑하는 사람에게 표현하지 못하는 이유

"사랑한다는 것과 현명하다는 것, 그리고 두 가지를 동시에 할 수 있다는 것은 얼마나 어려운 일인가."

앨프레드 테니슨 경

내가 사랑하지 못하는 이유

〈오은영의 금쪽 상담소〉 프로그램에서 가수 겸 작곡가 유재환 씨 편을 본 적이 있습니다. 그는 공황장애를 앓고 약물치료와 운동으로 이를 이겨냈다고 하였습니다. 〈무한도전〉이라는 프로그램에서 개그맨 박명수와의 호흡을 통해서 긍정적이고 밝은 이미지로 기억하고 있었는데 그 이면에 힘든 점이 있었다는 것이 안타까웠습니다.

어려운 과정을 잘 이겨낸 그가 프로그램에서 고백한 고민은 뜻밖에도 연애가 시작되려 하면 도망치게 된다는 것이었습니다. 서로 호감을 표시하고, 좋은 감정을 쌓아가려다 연인으로 발전하려고 하면 스스로 도망치게 된다는 것입니다. 그 이유는 연인관계로 발전했다가 헤어지게 되면 좋은 친구로 영원히 함께할 수 없기 때문이라고 했습니다. 그는 이별로 인해 한 사람의 인생에서 삭제되는 것이 너무 괴로워 혼자만의 사랑도 사랑이 아닐까? 말합니다. 그는 짝사랑, 그것도 아주 외로운 짝사랑을 늘 선택하는 것처럼 보였습니다. 사랑하지 못하는 유재환 씨의 애착 검사 결과 '혼란형 애착형'으로, 사람을 끊임없이 그리워하지만 누군가 다가서면 의심하게 되고 거절당하기 전에 먼저 관계를 끊는 특성을 보이는 유형이었습니다.

안정 애착? 불안정 애착?

'애착(attachment)'을 처음 제안한 존 볼비(1969)는 애착이란 중요한 사람과의 관계를 시작하고 유지하는 유대감을 말하는 것으로, 애착 관계 첫 형성은 부모(주 양육자)−자녀 관계에서라 말합니다. 그 이후 연인, 부부, 친구들 인생의 중요한 대상자와도 애착을 형성하게 됩니다. 애착유형은 '안정형', '무시형', '집착형', '혼란형' 네 가지로 나눕니다. 안정형 애착을 제외하고 나머지는 불안정 애착이라고 합니다.

'안정 애착'은 어린아이들이 부모 또는 보호자와 안정된 관계를 형성하는 것을 의미합니다. 부모는 아이의 요구와 필요를 충족시켜주며, 아이가 표현한 감정을 이해합니다. 부모의 적극적인 자원을 받은 경험을 한 경우입니다. 안정 애착 아동은 자유롭게 세상을 탐구하고 새로운 경험을 할 수 있으며 성인이 되어도 안정적인 관계를 형성하는 데 어려움을 겪지 않습니다. 안정 애착은 사회, 정서적 발달에 건강하고 긍정적인 영향을 미치는 것으로 알려져 있습니다.

'불안정 애착'에 해당하는 '무시형', '집착형', '혼란형'의 경우는 부모(주양육자)가 안정된 기지가 되어주지 못했을 때로 안정형 애착 형성과의 반대의 경험을 한 경우입니다. 유재환 씨처럼 '혼란형 불안정 애착'의 경우 일관적이지 못한 양육 태도, 공격적이고 폭력적인 부모와의 관계가 예가 됩니다. 실제로 유재환 씨와 어머니는 아버지로부터 가정 폭력을 경험하였고, 아버지는 어느 날 가족으로부터 사라졌다고 합니다. 이러한 유년시절 깊은 상처는 유재환 씨에게 거절에 대한 두려움을 남겼습니다. 상대가 거절하기 전에 거절하거나 거절당하지 않으려고 상대방에게 지나치게 맞추는 노력을 하게 됩니다. 이런 혼란스러운 관계 패턴이 자기 자신을 부정하고 자기 부정과 타인 부정이 합쳐져 편안한 관계를 맺기 어려워지는 것입니다.

애착은 건강한 관계를 통해서 변한다

'성인 애착'과 관련하여서도 다양한 연구들이 보고되고 있습니다. 성인 애착은 가족, 연인, 친구 동료와의 친밀감과 신뢰와 관련이 있습니다. 성인 애착유형에서 '안정 애착'의 성인은 인간관계에서 친밀함과 신뢰감을 비교적 쉽게 형성하며, 타인에게 버림받거나 지나치게 가까워지는 것을 불안해하지 않습니다. 안정 애착을 가진 성인은 건강한 유대감으로 다른 사람들에 대한 긍정적인 기대와 타인들은 선한 마음을 가지고 있다고 믿습니다. 타인에 대한 긍정과 자기 믿음으로 자신에 대한 긍정적인 표상을 지니고 있습니다.

반면 불안정 성인 애착 '회피형'은 타인을 신뢰하지 못하며 연인과의 친밀감을 형성하는 데에도 두려움과 같은 감정을 느낍니다. '불안-양가형'의 역시 연인과 친밀한 관계를 원하면서도 연인에게 버림받거나 사랑받지 못할 것을 동시에 느끼는 혼란으로 불안해하는 특징을 보인다고 하였습니다. 불안정 애착을 가진 성인이라면 다른 사람들이 악한 마음을 가지고 있다거나 나에게 해로울 것으로 생각합니다. 타인을 신뢰하지 못하고 자신에 대해서도 부정적으로 인식합니다. 또, 감정을 인식하고 받아들이는 것이 어려워 감정을 증폭하거나 축소 시키는 것과 같이 반응하며 대인관계에서 갈등이 생기면 높은 긴장감을 느끼고 쉽게 상처를 받습니다. 이들은 대체로 스트레스 대처에 취약하며, 우울감이 높고 불편감을 자주 경험하게 됩니다.

런던대학 피터 홉슨(Peter Hobson) 정신병리발달 교수는 "타인과의 관계 경험은 자기 자신과의 관계의 틀이 된다."라고 했습니다. 가장 먼저 형성한 부모와의 관계는 개인의 관계 틀로 형성된다는 말인데요. 우리 주변에는 어린 시절 주 양육자이자 부모와 안정 애착 형성을 하지 못한 몸은 컸지만 마음은 어린이인 '어른이'들이 많습니다. 자신이 불안정 애착유형이라면 이런 고민이 될 것입니다. 어린 시절 안정된 애착을 형성하지 못한 어른이들은 평생 불안정 애착유형으로 살아야 하는 걸까? 결론부터 말씀드리면 "아닙니다." 애착유형은 한번 고착되면 변하지 않는 절대적인 것이 아닙니다. 성인이 된 이후 성인 애착 관계를 통해서 달라질 수 있습니다. 예를 들어 나를 믿어주고, 지지해주는 사람과의 관계에서 안정 애착 관계를 경험하면 안정형으로 변할 수 있습니다.

저도 부모와의 관계에서 불안정 애착형으로 자랐습니다. 제가 다시 안정형 애착으로 바뀔 수 있었던 것은 결혼하고, 아이들을 키우면서 가족이라는 관계를 다시 경험하면서입니다. 또, 상담자로서 성장하기 위한 개인 분석을 통해서 저를 믿어주고 지지해주는 역할을 해주신 저의 상담 선생님을 통해서도 경험할 수 있었습니다.

나와의 애착 관계로 다시 일어서기

현재 자신이 불안정 애착이라면 앞으로 남은 인생 후반기는 정서적인 한계를 더 자주 만날 수밖에 없습니다. 타인과의 관계뿐만 아니라 자신과의 관계에서도 불신과 불만만 가득해질 가능성이 커집니다. 지금보다 나은 나의 삶을 위해서는 자신과의 관계를 건강하게 다시 세워야 합니다. 성인 애착 관계에서 중요한 것은 내가 나의 애착 대상이 되어주는 것입니다. 아이의 감정과 욕구를 알아주듯이 내가 나를 아이처럼 돌보며 보살펴주는 것입니다. 아프고 외면하고 싶었던 나를 만나고 그대로 바라봐주는 연습을 통해서 자신의 감정을 이해하고 수용하는 것으로 나와의 신뢰를 쌓을 수 있습니다. 나와의 애착 관계가 안정된다면 타인과의 애착 관계도 안전하게 맺을 수 있습니다. 타인과의 애착 관계 형성에 앞서 단단하게 나와의 관계를 다시 맺어보시길 바랍니다.

• 나를 찾을 수 있는 감정 한 문장

"당신이 사랑이라는 감정에 서툴고 어색한 이유는 스스로에 대한
사랑이 부족하기 때문입니다. 당신의 사랑을 어떻게 표현하나요?
당신이 말한 그 사랑의 표현을 자신에게 해주시길 바랍니다."

5. 못하는 것들에 집착을 버려야 진짜 내가 보인다

"가장 용감한 행동은 자신에 대해 생각하고 그것을 큰소리로 외치는 일이다."

코코 샤넬

칭찬보다 비난에 익숙한 우리

우리는 칭찬보다 비난에 익숙해져 있습니다. "그만 먹어야 하는데, 계속 들어가네.", "살 빼야 하는데 뱃살 봐.", "나이 드니 배만 나와." 이처럼 우리는 시시때때로 먹고 자는 것까지 지적하곤 합니다. 잘 먹을 수 있는 환경과 시간을 만든 자신에 대한 격려와 감사보다 먹고 있는 태도를 탓합니다. 일상에서 우리는 칭찬보다 비난에 더 익숙합니다.

영주 씨는 제 지인의 소개로 3년 전에 알게 되어 친해지게 되었습니다.

그녀는 외국계 기업 18년 차 연구원으로 40대 중반의 워킹맘입니다. 첫 만남에서부터 건강하고 밝은 에너지가 느껴졌던 영주 씨는 다양한 취미 활동을 가진 진취적인 사람으로 배울 점이 많았습니다. 제 눈에는 그녀가 드라마 속 주인공처럼 어느 것 하나 부족함 없이 당당해 보였습니다. 그런 영주 씨가 어느 날 자신의 어려움을 조심스럽게 제게 꺼냈습니다. 그녀가 남들에게 말하지 못한 고민은 회사에서는 자존감이 급격하게 낮아져 힘들다는 것이었습니다. 그녀를 만나는 시간 동안 단 한 번도 그녀가 자존감이 낮다고 생각해보지도 못했기에 그녀의 이야기는 저에게 놀라움이었습니다.

정말 자존감이 낮은 걸까?

영주 씨의 회사는 연구원 특성상 한 분야에 전문적 지식을 갖춘 동료들이 90% 이상이라고 했습니다. 그녀는 특정 분야의 국내 권위자들인 동료들을 보면 자기도 모르게 위축되고 자신이 작게 느껴진다고 했습니다. 구체적으로 그녀가 그렇게 생각하게 되는 부분은 결정하면 곧바로 행동하는 그들의 추진력을 예로 들었습니다. 반면 그녀 자신은 그들과 달리 오랜 기간 고민하고 실행으로 옮기는 편이라서 추진력이 낮은 것이 단점이라고 했습니다. 그녀의 이야기를 들을 때까지는 저는 그녀가 어떤 업무를 하는지 그녀의 업무 특성까지 알지 못했습니다. 영주 씨가 낮은 실행력이 고민이라는 말에 그럴만한 업무를 하고 있지 않을까 추측되어 그녀의 맡은 업무가 분석하고 꼼꼼하게 따져야 하는 일이 아닌지 물었습니다. 제 질문을 듣고 영주 씨는 그렇다며 깜짝 놀라 했습니다. 놀란 그녀의 반응에 오히려 제가 더 의아했고, 게다가 그녀가 18년 동안 분석하는 일을 해왔다는 것에 저는 다시 한 번 놀랐습니다. 그녀의 업무는 무엇보다 신중해야 하는 것이었습니다.

영주 씨가 생각하는 자신의 단점은 결정하고 실행으로 옮기는 데 시간이 오래 걸리는 것이라고 했지만, 저는 그녀 생각과 달랐습니다. 영주 씨가 취미 생활을 유지하고, 즐기는 것은 실행력이 없다면 어려운 것들이기 때문입니다. 그녀는 가족들과 새로운 곳으로 여행 다니는 것을 좋아하며, 해보지 않은 것들에 도전하는 것을 주저하지 않았습니다. 하지만 그녀는 자신이 잘해온 것들과 장점들은 누구나 다 하는 것으로 생각했습니다. 반면 그녀가 잘하지 못하는 것은 자신만 제외하고 타인들은 모두 잘하고 있다고 표현했습니다. 영주 씨가 18년이라는 시간 동안 워킹맘으로서 꾸준하게 버텨내는 것도 대단한 일인데 그녀는 그렇지 않다고 했습니다. 저는 그녀에게 자존감의 의미를 물었고 그녀는 제 질문에 한참 동안 고민했습니다.

당신에게 자존감이란?

"당신은 자존감이 무엇이라고 생각하시나요?" 심리학자 모르스 로젠버그는 "자존감은 자기가 무엇인지 아는 것"이라고 정의했습니다. 자존감은 자신을 모르고서는 알 수 없는 것으로 자신이 어떤 사람인지를 스스로가 아는 것이 중요하다는 의미입니다. 자존감은 자신의 성격, 능력, 가치, 꿈 등을 인식하고 자기 한계도 받아들이는 겁니다. 자존감은 자신과 타인과의 관계에서 중요한 역할을 하며, 건강한 자존감은 존중받는 삶을 살아가는 데 필수적입니다. 자존감이 높은 사람은 화초를 키우듯 스스로에게 자신감을 심어주며 자기 자신을 있는 그대로 사랑하고 존중합니다.

자존감이 부족해서 고민이라고 말하는 이들은 자존감의 개념이 외부 기준으로 맞춰져 있었습니다. 사회적 관계에서 타인에게 자신이 어떻게 보이는지에 신경을 쓴다면, 자존감이 낮아지는 순간을 수없이 겪게 됩니다. 외부 시선에만 집중해서 자신을 평가할 때는 매번 좌절하게 되며, 지나치게 높은 자존감을 강조하는 사회적 분위기는 자신의 부족한 부분을 더욱 두드러지게 합니다. 외부 기준 때문에 자신이 부족하고 못하는 것에만 집착하면 부정적인 감정들과 매일 부대끼며 살아가야 합니다. 자신의 모자란 부분과 부족함에 에너지를 쓰는 것은 우리의 일상적인 생각, 태도 및 신념을 부정적인 방향으로 기울게 합니다. 균형을 제대로 맞춰야 안정적으로 자신을 바라볼 수 있습니다. 자존감이 낮아 고민이라면 한쪽으로 기울어진 채 자신을 보고 있지 않는지 살펴봐야 합니다.

나의 중요한 결정과 선택에서 타인에게 답을 구하지 말라

"만약 당신이 결혼한다면 자신과 같은 사람과 하시겠습니까?" 우리는 결혼을 결심하기 전 결혼 생활에 대한 많은 경우의 수를 두고 고민합니다. 최종적으로 결혼을 결정하게 되는 이유는 부족한 것까지도 감싸 안을 만큼 사랑의 힘이 강력하고 크기 때문입니다. 내가 지금의 자신과의 결혼을 흔쾌히 하겠다고 대답할 수 있다는 것은 부족한 나 자신까지도 사랑한다는 의미입니다. 누군가로부터 사랑받고자 한다면 자신이 먼저 자기에게 사랑을 베풀어야 합니다. 저는 영주 씨에게도 만약 다시 결혼한다면 자신과 같은 사람과 결혼을 하겠냐고 물었습니다. 영주 씨는 흔쾌히 "네."라고 답을 했습니다. 중년의 자존감이란 자신을 이해하고 받아들이는 정도입니다. 자신에 대한 사랑과 믿음으로 평생 자신과 함께 살아갈 수 있는지에 대한 답이라고 생각합니다. 마흔에도 자존감이 낮은 사람으로 자신을 평가한다면 노후의 우리의 마음은 더 불안해질 것입니다.

중년은 못하는 것에 집착하는 나이가 아닙니다. 자신이 잘하는 것을 더 잘하도록 하는 것에 시간과 노력을 투자해야 합니다. 잘하는 것을 더 세밀하고 정교하게 나의 것으로 만들어가세요. 내가 잘하는 것들이 새로운 것에 도전할 수 있도록 돕습니다. 내가 잘해왔던 것으로부터 얻은 긍정적인 에너지는 건강한 노후를 맞이하도록 돕습니다. 내가 잘하는 것에 집중하는 순간 지금까지 삶에서 얻은 지혜와 경험을 활용하여 새로운 가치를 밝힐 수 있습니다. 자신의 진짜 모습은 긍정적인 에너지 속에서 만나게 됩니다. 자신의 삶을 더욱 풍요롭게 만들어가는 기회의 시작은 내가 나를 만나는 것에 있습니다.

• 나를 찾을 수 있는 감정 한 문장

> "당신이 잘하는 것들은 무엇인가요?
> 오늘은 그중 한 가지를 해보시길 바랍니다."

6. 감정 속에 숨은 당신의 욕구를 찾아라

"나는 대중이 그들이 원하는 바를 알고 있다고 믿지 않는다. 이것이 바로 내가 내 직업을 통해 내린 결론이다."

찰리 채플린

우리가 하는 수많은 생각

인간이 동물과 다른 점은 생각하는 능력이 있다는 것입니다. 그 능력으로 하루에도 셀 수 없을 만큼 생각하고, 아침에 일어나서 일과를 마치고 잠이 들 때까지 여러 생각이 떠오르고 지나갑니다. 잠이 들었지만 꿈을 꾸고 있는 순간에도 왜 이런 꿈을 꾸는지에 대해 생각할 때도 있으니까요. 복잡하고 어려운 생각을 하는 날이 반복되면 그 무거운 생각을 그만하고 싶어서 휴식을 취하고 싶어집니다. 쉬기 위해서 영화 한 편을 골라 편안한 자세로 보고 있노라면 생각은 멈추지 않고 영화 속 배우들이 되어서 그들의 생각을 같이하고 있는 자신을 발견합니다. 도대체 생각은 언제 멈추는지 알 수가 없습니다.

생각하는 것은 자연스러운 것임에도 "너는 생각이 너무 많다."라는 피드백에는 기분이 좋지만은 않습니다. '왜 생각만 하느냐?', '매사에 뭐가 그리도 고민거리가 많으냐?' 또는 어떤 결정과 선택을 하지 못하여 행동하지 않는 결단력이 부족하다는 의미로 보이지 않을까 하는 마음이 있기 때문이죠. "생각이 많다는 것은 나쁜 것일까요?" 그렇지 않습니다. 우리가 선택해야 할 결정에 앞서서 충분히 숙고해야 할 것들도 많습니다. 지금은 고생도 사서 해 실패를 발판 삼아 성장하는 스무 살이 아닌 마흔입니다. 집을 구매한다거나, 직장 이직과 같은 중요한 문제에서 충동적인 결정은 자칫 엄청난 손실을 감당하게 되므로 충분한 고민과 다양한 경우의 수를 따져가며 생각해야 합니다. 마흔에 결정해야 하는 것들은 결과에 대한 책임감도 크므로 생각이 많아질 수밖에 없습니다.

감정을 모르면 절대 알 수 없는 나의 욕구

　문제는 생각할 때마다 함께 일어나는 다양한 감정입니다. 자신이 생각을 많이 하게 될 때는 언제인지 살펴보세요. 주로 자신에게 일어난 사건이나 상황에 부정적인 감정을 느꼈을 때입니다. 인간은 부정적인 감정에 더 큰 반응을 하게 되어 있습니다. 예를 들어 직장에서 상사로부터 질책을 받은 경우를 생각해보겠습니다. 사건이 일어난 뒤부터는 기분이 좋을 리 없습니다. 머릿속으로 여러 가지 생각이 떠다닙니다. 만약 승진 기회가 있는 상황이라면 상사의 지적에 영향을 받을까? 걱정은 더 커집니다. 지금까지 회사에서 부정적인 사건 또는 상황들은 수십 번도 넘게 겪었지만, 훌훌 털기가 쉽지 않습니다.

　상사에게 질책을 받았던 예시 상황은 크게 '사실'과 '감정' 두 가지로 구분할 수 있습니다. 여기서 '사실'은 상사로부터 질책을 받았다는 사건이 됩니다. 질책을 받은 후 억울하다는 자신의 기분을 나타내는 것은 '감정'입니다. 사건은 육하원칙에 따라서 상황을 설명할 수 있습니다. 하지만 감정은 개인이 사건을 어떻게 바라보느냐에 따라 느끼는 주관적 영역이라 같은 상황이나 사건에 대해서도 저마다 다른 감정을 가집니다. 같은 상황에서도 개인에 따라 다른 감정을 가지는 이유는 각자의 욕구(바람)

가 다르기 때문입니다.

따라서 감정을 이해하는 것은 개인이 그 감정을 일으키는 욕구(바람)를 찾을 수 있는 열쇠입니다. 감정은 자신의 욕구(바람)를 알려주는 것이므로 감정을 이해하는 것은 중요합니다. 상사로부터 부정적 피드백을 받을 당시에 속상한 감정은 자연스러운 현상입니다. 숨은 욕구가 없을 때는 그 상황에 적합한 감정이 일어나고 끝이 납니다. 하지만 나는 실수, 실패 없이 완벽해야 한다는 욕구(바람)가 있었다면 상사의 핀잔은 속상함을 넘어 실패했다는 생각으로 번져 큰 상실감과 좌절감까지 느끼게 만듭니다.

욕구(바람)가 없을 때 → 사건에 적절한 감정

사건: 상사로부터 질책을 받음

감정: 속상함, 화남

숨겨진 욕구(바람): 없음

결과: 다시 일상으로 자연스럽게 회복

욕구(바람)가 있을 때 → 과도한 감정과 반복적인 생각

사건: 상사로부터 질책을 받음

감정: 실패감, 좌절감, 상실감, 무기력함, 불안함

숨겨진 욕구(바람): 나는 완벽해야 한다.

결과: 부정적인 감정을 반복하여 자기비하, 비난이 높아짐

위의 예시 상황으로 감정, 욕구를 더 자세하게 살펴보겠습니다. 상사에게 질책을 받으면 곧바로 '상사가 너무 심하게 화를 내는 거 아니야?' 타인인 상사의 탓을 먼저 하게 됩니다. 이 사건의 책임이 상대에게 있다고 생각합니다. 억울함과 같은 상사에 대한 분노 감정을 느낍니다. 다음으로는 '나는 왜 못했지?' 자신의 탓으로 돌리는 생각을 하게 됩니다. 실망감, 속상함, 창피함, 무능력함, 절망감, 좌절감과 같은 감정에 휩싸여 자기비하를 반복하는 생각과 감정을 끊임없이 되풀이합니다. 이 감정들 안에 '완벽해야 한다.'는 나의 욕구(바람)가 있다는 것을 이해하지 못한다면 비슷한 사건이 일어날 때마다 스스로 상처를 주는 생각과 감정을 반복하게 됩니다.

지금 느끼는 이 감정이 상사로부터 받은 질책으로 느끼는 감정인지, 나에게 다른 숨겨진 욕구(바람)가 있었는지를 자신이 알아야 멈출 수 있습니다. 자신의 욕구(바람)를 이해하게 되면 '내가 완벽해지고 싶었구나.' 라는 것을 스스로가 알게 됩니다. 내가 가진 숨은 진심을 알게 되었으니

실수한 자신을 넉넉하게 바라봐줄 수 있게 됩니다. 자신의 바람을 이해하고 받아들이는 순간 자신을 비하하는 생각과 감정도 끊어낼 수 있습니다.

이처럼 같은 사건에서도 개인이 느끼는 감정은 자신의 숨겨진 욕구(바람)에 따라서 달라지기 때문에 자기 욕구를 찾기 위해서는 내가 느끼는 감정을 잘 이해하는 것이 핵심입니다. 사건과 감정을 분리해서 생각하면 자신의 감정에 숨은 원래의 욕구가 무엇인지, 내가 느낀 기분의 주체가 무엇인지를 알 수 있습니다. 내가 어떤 상처를 받았는지를 구체적으로 보는 것에도 도움이 되며 나의 욕구(바람)를 해소할 방법을 찾는 데 집중할 수 있습니다.

자신이 미처 알지 못한 숨은 욕구들은 꼭 이래야 한다는 당위성, 타인에 대한 또는 사회에 대한 기준들에 의해서 만들어진 것들이 많습니다. 그 견고함을 깨지 못하면 해결되지 못한 욕구가 만든 감정의 장애물에 걸려 넘어집니다. 우리가 많은 생각을 한다는 것은 그만큼 해결해야 할 문제가 많다는 의미일 수도 있습니다. 최근 들어 우울 또는 무기력함에 자주 빠져 있다면 많은 생각들로 가득 차 있을 가능성이 큽니다. 우울함, 상실감, 슬픔, 분노 등과 같은 감정을 반복적으로 느낀다면 자신의 욕구(바람)를 읽지 못하고 있다는 증거입니다.

타인과의 관계를 잘 해나가는 사람들의 특징은 바로 자신의 욕구(바람)를 잘 이해한다는 것입니다. 이들은 가치관이 다른 상대가 하는 말들에 부정적인 감정을 느끼지 않습니다. 상대가 하는 말들과 자신의 감정을 분리하여 생각하고 그 감정 속에 숨은 자신의 욕구(바람)를 빠르게 알아차리기 때문입니다.

당신이 원하는 것을 알고 싶다면 감정을 살펴라

죽음의 문턱에서 매일을 사는 김혜남 선생님은 마흔세 살에 파킨슨병 진단을 받고 지금까지 병마와 싸우고 있습니다. 매일 굳어가는 몸으로도 매일 글을 쓰고 있는 선생님은 실수와 실패가 두려워 다가오는 기회들을 놓치지 말라고 조언합니다. 그녀는 우리의 삶은 생각하고 행동하고 느끼는 경험의 총집합이라고 말합니다. 그녀의 말처럼 인생은 다양한 경험을 하는 그 이상도 그 이하도 아닌 딱 그 정도로서, 다채로운 삶은 다양한 경험을 통해서 만들어집니다. 경험 안에서 나의 작은 실수 하나도 용납하지 못하고 자책하면서 자신을 너무 몰아세울 필요가 없습니다. 지나간 일 중에는 생각만큼 심각한 일도 없고 되려 생각하느라 놓친 기회가 더 많았습니다. 생각으로 인한 감정 속 숨은 나의 욕구(바람)를 찾아보세요.

그 욕구(바람)가 당신이 진짜 하고 싶은 것입니다.

다음은 숨겨진 욕구(바람)를 찾는 질문들입니다. 다음 질문을 통해서 나만의 욕구 지도를 완성해보시길 바랍니다.

"최근 들어 당신이 느꼈던 가장 부정적인 사건은 무엇이었나요?"

"그 사건에서 당신이 느꼈던 감정은 무엇인가요?"

"그 사건에 그 감정을 느끼는 것이 적절한가요?"

"그 사건에서 당신이 원하는 것은 무엇이었나요?"

"그것이 당신에게 중요한 이유는 무엇인가요?"

• 나를 찾을 수 있는 감정 한 문장

"최근 들어 자주 느끼는 감정은 어떤 것인가요?"
그 감정이 해결되지 않은 당신의 욕구(바람)입니다.
당신의 원하는 것을 감정을 통해 살펴보세요.

Mind
Reader

4장

감정을
내 편으로 만드는 방법

1. 건강한 몸이 건강한 감정을 만든다

"우리들의 행복은 십중팔구 건강에 의하여 좌우되는 것이 보통이다."

아르투어 쇼펜하우어

마흔에 잘 먹고 잘 자는 것이 중요한 이유

병원을 방문하면 의사 선생님은 건강을 확인하는 질문을 합니다. "식사는 어떠세요?", "잠은 잘 주무시나요?", "운동은 하시나요?" 위와 같은 질문은 의사 선생님 못지않게 심리상담사도 많이 합니다. 몸이 망가지면 마음도 무너지고, 마음이 아플 때는 몸도 덩달아 힘이 듭니다. 우리의 몸과 마음은 연결되어 있기 때문에 일상생활에서 건강과 관련된 가장 기본적인 것들을 확인합니다.

어느 날 아침 머리가 깨질 듯이 아프고 특히 목덜미에 통증이 느껴지는 것이 평소와는 다르다는 생각을 하게 되었습니다. 통증은 오후가 되면 괜찮아졌다가 다음 날이 되면 다시 또 느껴졌습니다. 거의 3~4일 반복되고, 급기야 새벽에 깨는 수면 문제까지 생기자 덜컥 겁이 났습니다. 뇌와 관련된 질병이 아닐까? 이대로 안 되겠다 싶어서 병원에 가려고 준비하던 전날 밤에는 제 증상과 관련된 인터넷 자료를 찾아보기 시작했습니다. 제가 예상한 것과 같이 뇌 질환일 것만 같아서 불안감이 더욱 솟았습니다. 통증이 있다 보니 입맛이 확 사라지는 것이 여간 힘든 것이 아녔습니다. 불과 하루 이틀 만에 불안한 마음이 점점 쌓이다 보니 저도 모르게 가족에게 퉁명스럽게 이야기를 하고 있었습니다. 좋아하는 일도, 즐겁게 하는 취미마저도 하고 싶지 않게 되는 겁니다. 우리는 몸이 피곤하거나 고될 때 쉽게 짜증이 올라옵니다. 건강하지 않은 몸 때문에 예민해져 작은 일에도 쉽게 상처받습니다. 통증이 일시적인 증상이 아니라 만성적으로 진행된다면 일상생활에서 불편함과 제한은 더 많이 생기게 됩니다. 제 통증이 지속됐다면 그로 인한 피로, 수면 부족 등으로 스트레스나 감정 조절은 더 힘들었을 것입니다.

마흔의 신체 변화들은 마음에도 영향을 준다

신체적인 질병이나 통증은 우리의 감정과 마음 상태에도 영향을 줍니다. 만성적인 신체적 통증은 우울증, 불안, 스트레스 등의 정신적인 증상도 유발합니다. 또, 마음의 불안, 스트레스는 신체적인 증상을 더욱 악화시킬 수 있습니다. 2019년 「PLOS ONE」 저널에 발표된 연구에 의하면 만성질환을 앓는 환자들은 우울증, 불안 증상, 자살 생각 등을 많이 겪고 있다고 보고하였습니다. 이 연구에서는 만성질환 환자들의 25%가 정신건강 문제를 가지고 있었습니다.

중년의 나이는 생물학적 변화가 가장 두드러지게 나타나는 시기입니다. 얼마 없던 흰머리도 그 수가 제법 늘어나 더욱 눈에 띄고, 푸석하고 탄력이 떨어진 얼굴에서는 예전에 옅어 보였던 주름도 더 짙게 보입니다. 나이 들어간다는 것은 생물학적 세포의 노화입니다. 고혈압, 당뇨병, 고지혈증 등의 만성질환은 중년 이후에 발생할 확률이 높습니다. 중년에는 만성질환 발생률이 높아지므로 건강관리가 더욱 중요해집니다.

진주 씨는 올해 45세로, 5년 전 갑상선 수술 이후 몸과 마음이 힘들다고 하였습니다. 하루에도 여러 번 마음이 변화하는 자신 때문에 어쩔 줄 모르겠다고 합니다. 잉꼬부부를 자랑하던 진주 씨는 남편과의 대화도 귀찮고 별것 아닌 것에도 화가 불쑥 난다고 합니다. 진주 씨의 남편은 집안 일뿐만 아니라 진주 씨를 대신해서 아이들까지 챙기며 아픈 그녀를 정성스럽게 간호했습니다. 그녀는 자신을 위해 애쓰는 남편에게 불쑥 튀어나온 뾰족한 마음에 미안함이 크다고 했습니다. 이를 극복하기 위해서 예전보다 더 건강관리에 신경을 쓰고 있지만, 수술 전보다 활동이 어렵다 보니 답답하다고 했습니다. 진주 씨는 몸이 아프니 마음까지 약해져 나이 들어가는 것에 대한 불안감이 커진다며 걱정했습니다.

40대 후반의 민종 씨는 고혈압 약을 복용한 지 벌써 10년째라고 했습니다. 회사에서 조금만 신경을 쓰는 일이 생기면 머리 뒤쪽이 뻐근해진다고 합니다. 그는 최근 들어 집중하는 것이 예전과 달리 어려워졌다고 했습니다. 민종 씨는 몸이 예전 같지 않다 보니 자신감도 낮아져 어떤 일에서도 점점 위축되어 우울감이 더욱 커지는 것 같다고 했습니다. 그를 진료하던 내과 의사 선생님께서는 스트레스가 높아진 그의 증상을 들으시고는 정신건강의학과 또는 심리상담을 권유했다고 했습니다. 진주 씨와 민종 씨처럼 예전과 달리 뜻대로 되지 않는 몸 때문에 감정까지 출렁이는 40대가 많습니다.

마흔은 40년 정도 잘 사용한 내 몸과 마음의 중간 정비를 해야 할 시점입니다. 자동차도 안전하게 오래 타기 위해서 정기적으로 점검을 받고 수시로 확인하면서 정작 자신의 건강은 등한시합니다. 건강이 중요하다는 것을 알면서도 건강을 위해서 시간을 투자하고 노력하는 것을 잘 실천하지 않습니다. 바쁜 일상의 이유로 건강관리를 위한 시간을 마련하는 것이 우선순위에서 밀리게 됩니다. 어느 날 자기 몸에 위험 신호가 감지되어서야 뒤늦은 후회를 하곤 합니다.

'스노우폭스' 김승호 회장은 강연을 통해 사업을 시도하고 시행착오를 겪을 때마다 가장 먼저 했던 일은 몸을 건강하게 만드는 것이었다고 했습니다. 그는 실패의 순간에 건강을 가장 우선시했다고 합니다. 여러 번 실패하면서도 가장 잘한 일이라고 생각하는 것은 다음 날 일어나 걷는 것이었다고 합니다. 달리 할 일이 없어서 시작한 것이었지만 지금 생각하면 가장 최선의 행동을 한 것이라고 그는 말합니다. 사람들은 실패를 겪으면 자연스럽게 실패로 인해 마음이 작아지므로, 작아진 마음을 키우기 위해서 우선 몸을 키워야 하며 몸이 건강해지면 마음은 저절로 커진다고 했습니다. 커진 마음으로는 어떤 실패를 해도 다시 시작할 수 있고 다시 시작한다는 것은 또 다른 기회를 얻게 하는 결과를 주므로 건강의 중요성을 강조합니다.

건강한 몸과 마음이 있다면 다시 시작할 수 있다

건강한 몸은 건강한 마음을 만드는 데 중요한 역할을 합니다. 몸이 건강하면 언제든지 딛고 일어설 수 있다는 것입니다. 무너진 마음은 건강한 신체가 이끌어준다는 그의 말에 건강을 다시 되새기게 됩니다. 저는 걷는 것을 좋아합니다. 걷기의 가장 큰 장점은 돈이 들지 않는다는 것입니다. 제가 걷는 날은 대체로 머리가 복잡할 때, 주말 아침을 시작할 때, 화가 올라와서 분위기 전환이 필요하다 싶을 때입니다. 제가 사는 곳 근처에는 자연을 볼 수 있는 공원이 있습니다. 화가 난 상태에서는 언제든지 걸을 수 있는 최적의 장소입니다. 화가 잔뜩 나 있는 상태에서 걸을 때는 아름다운 자연경관은 눈에 보이지 않고 세상이 온통 잿빛으로 보입니다. 화가 난 감정으로 가슴이 뜨거워졌을 때는 식히는 데까지 30분 정도는 걸어야 합니다. 30분 정도가 지나면 무거웠던 마음이 한결 가벼워지기 시작합니다. 뜨거운 화로 채워진 마음에 어느새 시원한 공기 같은 여유가 들어옵니다. 비로소 주변의 공기, 나무, 꽃들의 모습이 눈에 들어와 마음에 평온함을 느끼게 합니다. 내가 받아들일 준비가 되어서야 내가 왜 그렇게 화가 났는지 내 감정과 사건들을 정리할 수 있게 됩니다.

걸을 때마다 그 효과를 경험하다 보니, 우울감이 높은 내담자 또는 지인들에게 걷는 것을 권합니다. 실제로 걷는 동안 뇌 내의 산소와 영양소 공급이 개선되며 신경전달물질의 분비가 증가하여 우울증 증상을 완화하는 데 큰 도움이 됩니다. 신체 활동을 거의 하지 않는 내담자의 경우는 함께 걷는 것으로 상담 시간을 보내기도 합니다. 걷는 것을 워낙 싫어하는 사춘기 아이들도 걷자고 하면 불만을 토로하지만 30분 정도 지난 후부터는 목소리가 한층 밝아짐을 느낍니다. 몸이 건강하면 에너지 수준이 높아져 일상에서의 활동을 더 즐길 수 있습니다. 건강한 몸과 마음으로 긍정적인 감정과 경험을 더 많이 쌓을 수 있습니다. 건강한 삶은 일상적인 생활에서 자신감과 긍정적인 감정을 유지할 수 있도록 도와줍니다.

결국 우리의 행복은 건강한 몸과 마음으로 만들어집니다. 별거 아니라 생각했던 잠을 잘 자는 것, 잘 먹는 것은 건강의 징표입니다. 최근 일주일을 동안 잘 자고, 잘 드셨는지 생각해 보세요. 그렇지 못했다면 건강 빨간불입니다. 자신의 몸과 마음을 챙기셔야 할 시기라는 뜻입니다. 걷는 것과 같은 아주 사소한 건강 습관이 오래도록 건강함을 지키는 비결입니다. 나의 건강을 위해 작은 것부터 실천해보세요.

• 나를 찾을 수 있는 감정 한 문장

"나의 건강을 위한 좋은 습관 한 가지를 작성해보세요.
그리고 오늘부터 그 한 가지를 시작하세요."

2. 감정 에너지 절약법

"인생을 사랑하는가? 그럼 시간을 낭비하지 마라. 인생은 시간으로 이루어진 것이다."

벤자민 프랭클린

관계를 통해서 생기는 감정

혼자인 시간이 편할지라도, 혼자서는 아무것도 할 수 없는 세상에 있습니다. 우리는 원했든 원치 않았든 다양한 사람들과 관계 속에서 살아왔으며 앞으로도 새로운 관계를 맺으며 살아갈 것입니다. 소중한 사람과의 관계에서는 많은 영향을 서로에게 주고받습니다. 또 갈등도 마주하게되며, 관계에서 갈등을 겪을 때는 필연적으로 감정을 소비하게 됩니다. 언어와 태도, 몸짓, 표정과 같은 비언어를 통해서 상대에게 감정을 전달하고 이를 통해서 진심을 전하고 진정성을 느낍니다. 때로 과도한 감정 소비는 피곤하고 지치게 만들어 관계를 피하는 원인이 되기도 합니다.

감정을 소모하게 되는 원인은 다양합니다. 사랑하는 가족, 부모, 자식, 연인, 친구 관계에서는 소중한 만큼 마음을 더 많이 쓰고 감정적인 영향을 더 많이 주고받습니다. 또 감정으로 인한 스트레스를 어떻게 해소할지 몰라 좋지 않은 방법으로 감정 에너지를 쓰게 됩니다. 감정을 어떻게 소비할 것인지 잘 아는 것은 건강한 인간관계를 위해서도, 나를 지키는 데에도 필요합니다.

우리가 감정 소모를 할 때

몇 년 전 한국보건사회연구원에서 감정 소모를 많이 하는 감정 노동에 대한 설문조사를 진행한 적이 있습니다. 해당 연구에서 가장 높은 순위를 차지한 것은 서비스직이었고, 다음으로 교육직, 의료직, 심리 상담직, 전화 상담원, 온라인 상담원 순으로 나타났습니다. 감정 노동을 하는 직업군이 감정 소모를 많이 하는 이유는 타인의 기대감을 충족해주는 업무로서 누군가의 기대를 채우기 위해서는 상대의 감정을 살펴야 하고, 적절하게 자기 감정을 꺼내 써야 하기 때문입니다.

저는 고등학교를 졸업하자마자 규모가 큰 대기업 백화점에서 아르바이트한 경험이 있습니다. 백화점에서는 질 높은 서비스를 고객들에게 제공하고자 직원들에게 정기적으로 서비스 교육을 했습니다. 또 서비스 교육받은 대로 고객을 잘 응대하는지를 평가하는 '미스터리 쇼퍼(mystery shopper)'라는 제도가 있었습니다. 당시 육체적, 감정적 노동의 강도가 높아 백화점 근무하는 분들은 스트레스를 많이 받았던 기억이 납니다. 타인의 기대를 만족하는 일에 많은 감정을 쓰는 체험을 하며 아르바이트하는 동안 저 역시도 잦은 피로감을 느꼈습니다.

기대가 커질수록 감정 소모도 크다

누군가의 기대를 만족하는 것도 감정 소모를 많이 하는 일이지만, 타인에게 기대하는 것도 이에 못지않게 감정 소모를 많이 합니다. 내 기대와 다른 타인의 말에 기분 상한 경험이 한 번쯤은 있을 것입니다. "아니 왜 저렇게 말을 하지?" 예상하지 못한 상대 때문에 나의 감정을 소모하게 됩니다.

집 근처 운동 센터를 다니다가 알게 된 희진 씨는 관계에서 매번 실망하게 되어서 마음을 많이 다친다고 했습니다. 이제는 누군가를 새로 사귀는 것이 싫어서 운동을 등록하여 여가를 보내기로 했다고 하였습니다. 처음에 희진 씨의 이야기를 듣고 관계에서 감정 소모를 많이 하는 경험은 누구나 하는 것으로 공감이 되었습니다. 어느 날 희진 씨는 평소와 다르게 표정이 썩 좋아 보이지 않았습니다. 그녀의 안부를 물으니, 그녀는 속상한 일이 있었다며 이야기를 꺼냈습니다. 희진 씨에게는 운동을 마친 후 함께 식사도 하고 차도 마시는 운동 친구가 있다고 했습니다. 어제 그녀와의 만남에서 자신이 차를 대접하는데 그녀의 태도에 기분이 상했다는 것이었습니다. 매번 식사와 차를 사기도 하고 자신이 새로운 정보도 알려주는데, 돌아오는 반응이 영 신통치 않다는 것이었습니다. 희진 씨는 자기가 기대한 만큼 그녀가 자신에게 하지 않으니, 차곡차곡 쌓여왔던 그동안의 서운함이 확 올라오는 듯했습니다. '내가 상대에게 이 정도 하면 상대도 나에게 이렇게 해주겠지?'라는 기대감은 가까운 사이의 관계일수록, 내가 상대에게 쏟은 시간과 마음의 크기가 클수록 커집니다. 희진 씨도 꽤 여러 차례 상대에게 시간과 마음을 쏟았기에 서운함, 섭섭함을 느끼는 것처럼 보였습니다. 희진 씨가 서운했던 결정적인 부분은 차를 마시고 헤어질 때 인사도 없이 황급하게 돌아서는 그녀의 행동이었다고 합니다. 그 순간 희진 씨는 무시받았다는 생각에 불쾌해졌다고 했습니다.

저는 서운하고 화를 내는 희진 씨의 이야기를 다 듣고 난 뒤, 그녀가 왜 그리 급하게 떠났는지 한번 물어보라고 제안했습니다. 선의에 대한 감사 인사도 제대로 하지 못하고 떠날 사람이라면 인연을 끊으면 됩니다. 며칠 후 운동 센터에서 만난 희진 씨는 예전처럼 얼굴이 밝았습니다. 저를 보자마자 다가온 그녀는 쑥스럽게 이야기를 꺼냈습니다. 희진 씨는 제 조언을 듣고 난 뒤에 그녀에게 전화하려고 마음먹었다고 했습니다. 그렇게 결심한 순간 그녀가 먼저 희진 씨에게 연락을 해왔다는 것입니다. 그녀는 희진 씨에게 인사도 못하고 급히 나온 것에 미안했다며 그날 차 마시는 동안에 친정어머님으로부터 부재중 전화가 와 있었다고 했습니다. 별일 아니겠지 하며 나중에 어머님께 전화를 드려야지 생각했다고 했습니다. 하지만 곧이어 온 어머님의 문자에서 병원으로 가는 중이라는 것을 알게 되어 경황도 없이 급히 나섰다는 것입니다. 그녀의 상황을 알게 되니 괜히 혼자 오해했다며, 서운한 마음을 가졌던 그녀에게 희진 씨는 미안함을 느꼈다고 했습니다.

내가 하는 행동과 말은 나의 선택입니다. 희진 씨가 그녀에게 베풀기로 마음먹은 것도 희진 씨의 선택입니다. 주는 것에 만족하지 않고 주고 난 다음까지 생각한다면, 나의 마음은 기대한 만큼 받지 못했을 때 상처받게 됩니다. 상대에 대한 기대를 갖다 보면 상대의 사정을 알지 못하는 상태에서는 상대를 오해하게 되는 경우가 생깁니다. 지나치게 감정 소모를 많이 하는 분들은 상대에 대한 기대가 높은 경우가 많습니다.

오래 함께하고 싶은 사람에게는 기대를 낮춰라

상대의 감정에 내가 흔들리는 것은 내가 상대에게 기대하는 것이 있기 때문입니다. 오래도록 함께하고 싶은 관계가 있다면 그 사람에 대한 기대를 낮춰야 합니다. 우리는 타인에게 기대를 품고 있을 때 상대가 나에게 물질적, 정신적으로 무엇인가를 해주길 바랍니다. 기대하는 내 마음이 상대에게는 부담이 됩니다. 부모의 기대가 클수록 자녀가 부담을 크게 느끼듯이, 맡은 업무에 대한 기대감이 높을수록 어깨가 무거워지듯이 말입니다. 관계에서 욕심이 생기면 그 관계는 무거워집니다. 나의 기대감을 그대로 받아줄 수 있는 존재는 부모만이 가능합니다. 마흔이 넘은 나이에 나의 기대를 받아주는 부모와 같은 존재를 타인에게 바란다는 것은 욕심입니다.

받기만 한 것에 익숙하고 당연하게 여기는 사람에게까지 기대하는 것은 감정 소모입니다. 스쳐 지나가는 사람, 자신의 이득을 위해서만 관계를 맺는 사람에게 나의 선의를 베풀며 감정을 소모할 필요는 없습니다.

타인의 선의를 아는 것은 중년의 덕목이고, 내가 주는 마음을 받을 수 있는 사람인지를 알아내는 안목은 중년에 꼭 필요합니다. 타인의 감정에 흔들렸던 오늘이라면 그 안에 나의 기대감은 무엇이었는지를 스스로에 묻는 것부터 시작해보시길 바랍니다.

• 나를 찾을 수 있는 감정 한 문장

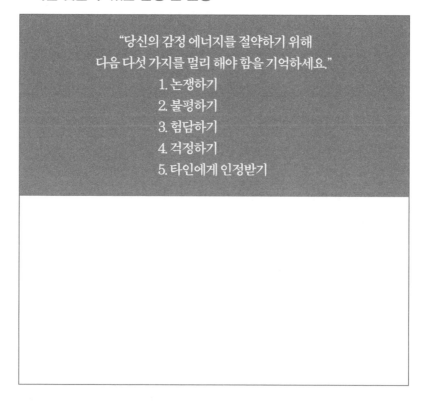

"당신의 감정 에너지를 절약하기 위해
다음 다섯 가지를 멀리 해야 함을 기억하세요"
1. 논쟁하기
2. 불평하기
3. 험담하기
4. 걱정하기
5. 타인에게 인정받기

3. 매사에 부정적인 사람과 안전거리 유지하기

"다정하고 조용한 말은 힘이 있다."

에머슨

만나고 싶은 사람

저는 따뜻한 라떼를 마시며 혼자 있는 시간을 즐깁니다. 그래서 커피 맛도 좋고, 생각을 즐길 수 있는 아늑한 카페를 찾는 것이 취미 아닌 취미이기도 합니다. 추운 겨울날 제가 좋아하는 카페로 향하는 길이었습니다. 그날은 모처럼 눈이 오지 않은 날이었지만 카페 가는 길은 쌓인 눈으로 꽁꽁 얼어붙어서 걸어 다니는 것이 조심스러웠습니다. 무사히 도착한 카페에 앉아 창밖을 보니 겨울 햇살 덕분인지 쌓인 눈이 녹기 시작했습니다. 하지만 해가 들지 않는 반대편 그늘진 곳은 겨울밤처럼 컴컴했고, 쌓인 눈은 녹지 않아 보기만 해도 추워 보였습니다. 지나가는 사람들도 눈 녹은 길로 통행했고 녹지 않은 눈길을 밟고 지나는 이는 없었습니다. 사람 관계도 이와 같지 않을까 싶습니다. 우리가 친밀한 관계를 맺고 싶은 사람은 따뜻하고 안전한 해가 드는 쪽입니다.

에너지를 뺏는 사람

제 지인 현주 언니는 직원 수 10명과 함께 작은 디자인 회사를 운영하고 있습니다. 처음 회사 운영을 시작했을 때 그녀의 나이는 30대 후반이었고 직원은 4명이었습니다. 그동안 여러 가지 경제적 어려움, 최근의 코로나 속에서도 잘 버텨 어느덧 회사 운영 10년 차가 되었습니다. 회사를 운영하며 다양한 역경을 겪은 그녀에게도 매번 인재 관리가 가장 고민이라고 하였습니다. 그날도 현주 언니는 직원 문제를 제게 하소연하였습니다. 최근 입사한 직원이 꼼꼼하고 열심히 하려는 마음을 가지고 있는 것은 알겠는데, 새로운 것들을 제안할 때마다 부정적으로 이야기를 한다는 겁니다. 30대 초반에 경력직으로 입사한 그 직원은 다른 직원의 신선한 아이디어에도 다 부정적으로 말해서 현주 언니는 대표로서 이 부분이 난감하다는 겁니다. 새로운 아이디어를 내야 하는 디자인 회사인데, 적지 않은 연봉의 경력직 그녀가 이것은 이래서 어렵고, 저건 저래서 안 되고, 그렇게 하면 이런 결과가 나올 거라서 할 수 없다는 이야기만 잔뜩 늘어놓으니 좋아할 수가 없다는 겁니다. 이날은 일단 입사한 지 얼마 되지 않아 상황을 파악하느라 그럴 수 있으니, 개인적으로 차를 마시거나 식사하면서 좀 더 지켜보는 여유를 가져보는 것으로 대화가 마무리되었습니다.

우리는 협력을 해야 할 때, 현주 언니의 새 직원처럼 뭐든 안 된다고 하는 사람들 때문에 답답할 때가 있습니다. 부정적인 이야기를 유독 많이 하는 사람들은 어지간해서는 만족스러워하지 않습니다. 카페, 음식점에 가서도 작은 흠결이라도 보이면 불평하기 바쁩니다. 자신뿐만 아니라 다른 사람, 일, 상황 등을 비판하고 부정적인 평가를 합니다. 매사의 상황들을 비관적으로 바라보기에 작은 일도 자주 투덜거리는 부정적인 말과 행동을 자주 반복합니다. 그들의 부정적인 에너지와 태도는 긍정적인 에너지보다 전파력이 강해 금세 듣는 이의 감정을 상하게 만듭니다. 맥 빠지게 하는 그들은 나의 좋은 에너지를 뺏는 에너지 도둑과 같습니다.

다시 현주 언니의 이야기로 돌아가서 몇 달 후 언니를 만나게 되었습니다. 까맣게 잊고 있었던 그 직원의 이야기를 다시 듣게 되었습니다. 언니는 3개월 정도 그녀가 적응하는 기간이라 생각하고 지켜보았다고 했습니다. 이후 그 직원과 외부업체 회의와 식사 자리를 동행했을 때 그 직원은 이미 부정적인 태도가 삶 깊숙하게 담겨 있었다며 한숨을 깊게 내쉬었습니다. 식사 자리에서 조금이라도 불편하면 바로 식당 직원에게 항의하기 바빴고, 외부 회의를 마치고 와서는 상대 회사에 대한 비난을 끊임없이 했다고 합니다. 그걸 지켜보고 있으니 언니의 피곤함이 더 쌓이더라는 것입니다. 언니는 그 직원에게 그녀가 어떻게 행동을 하는지 선배로서 이야기해본 적이 있었는데, 그녀는 높은 벽을 쌓아 놓고 있어서 대화도 잘 되지 못했다고 했습니다. 현주 언니는 안타깝지만 그 직원과 재계약을 하지 않겠다고 했습니다.

부정적인 사람들로부터 나를 지키기

부정적인 생각과 건강과의 관계는 다양한 연구에서 밝혀졌습니다. 2018년 「Annals of Behavioral Medicine」 저널에서 발표된 부정적인 생각이 심장 건강에 미치는 영향을 조사한 연구에서도 부정적인 생각이 심장 건강을 악화시키는 것과 관련이 있음을 보여주었습니다. 부정적인 이야기를 많이 하는 사람들과 함께 있는 사람들도 이와 다르지 않다는 연구결과도 있습니다. 2013년 「Journal of Health Psychology」에 발표된 연구에서는 부정적인 이야기를 많이 하는 사람들과 함께 있는 사람들에 게서 불안, 우울 증상, 스트레스, 신체 건강 등 다양한 문제를 겪을 가능성이 더 컸습니다. 부정적인 사고의 생활화는 자신과 그들 주변 사람들의 몸과 마음 건강에까지 영향을 미친다는 것을 보여주는 결과입니다.

부정적인 사람과의 지속적인 관계는 내 생각과 태도에 영향을 미칩니다. 만약 자신이 불안정한 상태라면 이러한 영향을 더 크게 받을 수 있으므로, 자신이 혼란스럽거나 연약한 상태일 때는 부정적인 사람과의 대면을 피하는 것이 가장 좋습니다. 그들이 하는 부정적인 이야기가 당연하다고 생각하지 않아야 하며 지나치게 신뢰하는 것이 도리어 나에게 상처가 된다는 것을 기억해야 합니다. 나에게 부정적인 에너지를 주는 사람들은 한 발짝 앞을 향해 나아갈 때마다 나를 붙들고 주저앉게 만들기에 나의 에너지를 뺏기지 않기 위해서는 그들과의 적당한 간격이 필요합니다.

무의식적으로 타인의 부정적인 이야기를 듣게 된 뒤에는 자신의 감정 상태를 살펴보세요. 상대방의 부정적인 이야기를 듣고 난 후, 나의 감정이 혼란스러운 것은 아닌지, 그 이야기가 나의 선택과 결정에 영향을 주는 것은 아닌지도 점검해야 합니다. 자신의 감정은 스스로 조절할 수 있다는 것을 기억하셔야 합니다.

부정적인 말을 하는 그들을 바꾸려 설득하거나 싸우지 마세요. 그들은 내가 바꿀 수 없는 영역임을 받아들이고 단호하고 분명하게 적당한 거리와 최소한의 의무만 지키세요. 눈이 가득 쌓인 그늘 진 지면을 피해 눈 녹은 길을 걸어가는 것은 빙판길 위험에서 나를 지키는 방법입니다. 부정적인 이야기를 많이 하는 사람과는 그들을 바꾸기 위해 싸우는 것이 아니라 안전거리를 만드는 것이 나를 지키는 가장 좋은 방법입니다.

• 나를 찾을 수 있는 감정 한 문장

> "나를 지키는 것은 이기적인 것이 아닙니다. 나는 내가 지켜야 합니다.
> 만나고 싶지 않은 사람, 나를 힘들게 하는 사람과의 관계에서는
> 적당한 거리로 나를 보호하세요. 그 간격만큼 내가 안전해집니다."

4. 잘하고 싶다면 멈춰야 할 때를 알아야 한다

"한가로운 시간은 그 무엇과도 바꿀 수 없는 재산이다."

소크라테스

하루도 빠짐없이 무언가를 해야 하는 시대

요즘같이 새로운 것이 매일 쏟아지고, 하루가 다르게 변화가 일어나는 세상에는 알아야 할 것, 배우고 잘해야 할 것들이 참 많습니다. 조금만 찾으면 정보를 얻기가 쉬우므로 아무것도 하지 않으면 도태되는 것 같습니다. 지금도 끊임없이 바쁘게 움직이고, 목표를 이루기 위해 노력하며 성공과 성취의 압박으로 자신을 휴식 없는 경주에 몰아넣습니다. 쉬는 날에도 다 마치지 못한 일들에 대한 불편함, 끊임없이 업그레이드되는 소식에 휴식하고 싶은 마음과 달리 여유를 갖기가 쉽지 않습니다. 이런 현상을 반영하여 아무것도 하지 않는 잠시의 쉼을 만드는 상태, 비워내는 것도 중요해졌습니다. 이에 최근 '멍 때리기 대회'가 생겨 화제가 되기도 했습니다.

아무것도 하지 않아도 된다는 것의 의미

'멍 때리기 대회'는 아무것도 하지 않는 것도 가치 있는 행위라는 것을 보여주기 위해서, 멍 때리기를 가장 잘한 사람에게 상을 주는 퍼포먼스 아트입니다. 바쁘게 돌아가는 현대사회에서 아무것도 하지 않는 것은 뒤처지거나 무가치한 것이라는 통념을 지우고자 시작되었습니다. 아무것도 하지 않아도 괜찮다는 사실을 인정하는 것은 꼭 필요한 물건들로만 채워진 미니멀 라이프와 비슷합니다. 우리의 삶에서도 미니멀한 시간과 활동에 대해 생각해볼 필요가 있습니다. 아무것도 하지 않는 것에는 여러 가지의 의미가 있습니다.

첫째, 휴식과 여유의 필요성입니다. 모든 시간을 채우거나 끊임없이 활동하는 것이 아닌 가끔은 아무것도 하지 않고 쉬는 것도 괜찮다는 의미가 있습니다.

둘째, 자기 수용과 스스로에 대한 인정입니다. 자기 자신을 인정하고 받아들이며, 자신의 존재와 가치를 스스로 인정하는 의미로 자신에 대한 평가나 비판에 매달리지 않습니다.

셋째, 외부 평가나 기대에 대한 해방입니다. 주변 사람들의 평가나 기대에 영향 받지 않습니다. 자기만의 소중한 시간을 보내는 것도 괜찮다는 의미로, 자신의 가치를 타인의 시선에 의해 평가받지 않아도 됩니다.

당신도 번아웃 증후군일지 모른다

친구 성주는 초등학교 다니는 자녀 둘을 둔 직장맘으로 최근 아이들 키우는 것도 힘들고 직장생활 속에서 사람 관계가 너무 어렵다고 하였습니다. 요즘 성주는 작은 실수도 용납하지 못할 만큼 아이들에게 관대함도 없다고 합니다. 사소한 일로도 아이들에게 짜증 섞인 말로 화를 내다 보니 남편과의 사이도 좋지 않다고 했습니다. 무엇보다 성주가 가장 괴로운 것은 이런 자신이 실망스러워 자괴감마저 든다는 것입니다. 제가 봤을 때 그녀는 직장생활과 육아로 인한 스트레스와 피로감이 누적되어 온 '번아웃 증후군'으로 보였습니다.

'번아웃 증후군'은 1974년 미국의 심리학자 허버트 프로이덴버거(Herbert Freudenberger)가 처음으로 정의한 개념입니다. 당시 프로이덴버거는 자원봉사자들이 근로 중에 느끼는 지침과 무력감을 연구하던 중, 일상 업무와 활동에 대한 흥미와 동기가 저하되는 현상을 관찰하였습니다. 마치 연료가 모두 타버린 로켓과 같이 에너지가 소진되어 극도의 피로감을 가진 상태입니다. 번아웃 증후군은 장기간 스트레스와 부담을 겪는 과정에서 발생하며 주로 다음과 같은 증상들이 나타납니다.

첫째, 지속적인 스트레스와 업무 부담으로 인해 육체적인 피로, 수면 부족 등의 신체적 증상이 나타날 수 있습니다. 정신적으로도 에너지가 고갈되어 무기력감과 힘든 감정을 경험합니다.

둘째, 일상 업무나 활동에 대한 흥미와 동기가 감소하고, 몰입하는 능력이 저하됩니다. 이전에 재미와 보람을 느꼈던 일에 관해 관심과 열정이 사라지는 것을 경험할 수 있습니다.

셋째, 대인관계에 어려움을 느낍니다. 과도한 업무 부담으로 인해 사회적인 관계에 소홀해지거나, 감정적인 거리감을 느끼며 대인과의 소통과 협력에 어려움을 겪을 수 있습니다.

넷째, 감정적인 변화를 가져옵니다. 피로와 스트레스로 인해 흥분, 분노, 무감정 등의 감정 변화가 자주 나타날 수 있습니다.

성주의 경우는 위의 네 가지 모두 해당하였습니다. 우리 몸과 마음에 스트레스와 피로가 가득 차 있을 때는 감정을 조절하는 것이 어렵습니다. 번아웃 증후군은 휴식이 필요한 상태입니다. 저는 성주에게 죄책감을 느껴서 아이들에게 무엇을 더 해주려는 생각을 멈추라고 조언을 했습니다. 직장맘이 가진 아이들에게 대한 미안함 때문에 무엇을 더 해주려는 부담을 내려놓는 것입니다. 엄마의 부대낌이 아이들에게 전달되어 불안감을 만들어주는 것보다 휴식을 통해 얻은 여유와 안정감을 주는 것이 더 낫다고 했습니다. 며칠 지저분한 집안 환경은 도우미와 같은 외부 자원의 도움으로 해결할 수 있으니, 적극적으로 주변의 도움을 받을 것을 권했습니다. 직장에서도 업무에 대한 부담을 완전히 없애는 것은 어렵지만, 업무를 조정하고 우선순위를 설정하여 부담을 줄일 수 있습니다. 누구나 겪을 법한 소진에 대한 자신의 상태를 동료 또는 상사에게 이야기해 도움을 요청할 수도 있습니다. 또, 최근 많은 회사가 직원 정신 건강을 위해서 심리 상담을 받을 수 있는 복지 프로그램을 제공하고 있습니다. 그녀에게 이런 정기적인 상담을 통해서 스트레스 관리 도움을 받아보라고도 전했습니다. 여유와 간격은 스스로가 만들어가는 것입니다.

자기 관리를 잘 하는 사람은 멈출 줄 안다

자기 내면의 소리를 잘 듣는 사람은 자기 관리와 자기 돌봄에 신경을 씁니다. 자기 관리의 의미는 건강이라는 키워드가 핵심으로, 육체와 정신을 관리하는 활동입니다. 나이가 들수록 정신과 육체를 잘 관리하는 것이 우리의 삶에서 균형과 조화를 이루는 방법입니다. 휴식은 배부른 자의 여유가 아니라 일을 잘하는 방법입니다. 휴식과 일은 정적 관계로, 실제로 잘 쉬어야 일도 잘 합니다. 휴식을 잘 취하는 사람은 자기 내면의 소리를 잘 읽고 자신에게 휴식이 필요한 시점이 언제인지를 알고 실천합니다. 그들은 자기 몸과 마음의 균형을 유지하는 능력이 높아 자신의 감정, 욕구, 가치, 흥미 등을 이해합니다.

빼곡하게 쌓인 공간에는 어떤 물건도 들여놓기가 어렵습니다. 여백이 있어야 무엇이든, 어떤 것이든 채워 넣을 수가 있습니다. 아이디어는 아무것도 하지 않는 시간에 탄생합니다. 정직한 태도로 열심히 사는 것이 중요했던 것만큼 아무것도 하지 않는 시간도 우리에게 꼭 필요합니다. 아무것도 하지 않는 시간에 당신의 내면의 소리를 들어보세요.

• 나를 찾을 수 있는 감정 한 문장

"노는 듯이 열심히 일하는 사람들이 더 능률적입니다.
나에게도 노는 시간을 할애해주세요.
당신은 언제 쉴 예정인가요? 오늘은 그 계획을 세워보세요."

5. 내 감정의 주도권을 타인에게 넘기지 마라

"나에 대한 자신감을 잃으면 온 세상이 나의 적이 된다."

_____

랄프 왈도 에머슨

내 감정을 나도 모를 때

마음이 고장 날 때가 있습니다. 느닷없이 눈물이 왈칵 나오고, 별거 아닌 것에 화가 납니다. 미치도록 억울해 작은 것에도 예민해집니다. 이런 나에 대해 실망하며 자책하고 도대체 내가 왜 이런지 몰라서 답답합니다. 우리는 평소와 다른 나를 마주할 때, 마음이 힘들어집니다. 자기 마음 안에 일어나는 감정과 머릿속 생각들이 어떤 것인지를 자신도 이해하기 어려울 때가 있습니다.

남편과의 관계 때문에 어려움을 호소하는 혜주 씨는 우울감이 너무 심하다고 했습니다. 혜주 씨의 첫인상은 힘없고 풀 죽은 목소리, 희망과 기대가 전혀 없고 지쳐만 보였습니다. "저는 게을러요. 요리도 잘 못해요. 뭐든 잘하는 게 없고, 성격도 좋지 않아요. 아이 키우는 것도 서툴러요." 그녀가 자신에 대해서 한 이야기였습니다. 명문 대학을 나와 누구나 들으면 알 만한 대기업에 재직 중인 그녀는 겸손함을 넘어 자신을 지나치게 비관적이게 표현했습니다. 잘못 들었나? 하고 의아해 되물었습니다. 대화를 진행하면서 그녀가 자신에 대해 한 소개, 표현들은 평상시 남편이 그녀에게 했던 말들이 대부분이었습니다. 정작 혜주 씨는 그녀가 원하는 것이 무엇인지, 그녀가 어떤 감정을 느끼는지, 모두 모르겠다고 했습니다.

그녀가 용기를 내어 상담을 결심한 것은 두 아이 때문이었습니다. 쉴 새 없이 울기만 하는 딸아이의 감정을 전혀 이해하지 못하겠다고 했습니다. 아이가 너무 버거워서 피하고 싶고 아이를 볼 때마다 어디론가 도망가고 싶다는 생각만 커져 죄책감이 든다고 했습니다. 이대로는 아이에게 너무 좋지 않은 영향을 줄 것이고, 자신도 버티기 힘들겠다고 생각이 들었다며 자신의 상태를 알게 된 친구의 권유로 저를 만나게 되었습니다.

내 감정의 주도권 잡기

흐트러지고 어지럽혀진 마음 상태에서는 어떤 것이 진짜 나의 감정인지를 알아내는 것이 중요합니다. 내 통제권을 벗어난 나의 감정은 주인을 잃어버린 분실물이 됩니다. 오래 함께하는 소중한 관계인 부모, 부부, 연인 사이에서는 감정의 경계가 무너지는 경우가 있습니다. 나의 감정의 경계가 무너지면 타인의 감정과 나의 감정을 구별하지 못합니다. 타인의 감정을 나의 감정으로 인식하여 타인이 느끼는 방식대로 행동하게 됩니다. 삶의 희로애락을 십수 년 함께하는 부부는 많은 일들을 공유합니다. 부부는 서로 닮는다는 표현처럼 서로의 감정까지도 서로에게 영향을 줍니다. 부부일지라도 두 사람은 독립적인 존재이며 서로의 고유함은 지켜주어야 합니다. 하지만 혜주 씨는 남편에게 지나치게 많은 영향을 받고 있었습니다.

혜주 씨의 남편은 혜주 씨와 달리 부유한 집안 막내아들로 태어나 부족함 없이 자랐습니다. 그는 대학교수를 목표로 어려운 학위 과정도 마쳤지만 교수 임용의 기회를 얻지 못했고, 대학에서 강의와 연구 등 일은 하고 있지만 혜주 씨보다 수입이 좋지 않았습니다. 그는 실패 없이 자라온 유년시절과 달리 사회생활에서는 좌절을 자주 경험했습니다. 그는 혜주 씨의 이름으로 받은 대출금으로 주식 투자하여 많은 빚을 갚아나가야 하는 상황을 만들기도 하였습니다. 수입이 더 높은 혜주 씨가 집안 경제의 많은 부분을 책임지고 있었습니다.

　서른을 훌쩍 넘긴 늦은 나이에 만나 결혼을 하게 된 혜주 씨 부부는 소통을 잘 하지 못했습니다. 그녀는 육아와 직장생활 병행에서 오는 부담을 남편에게 말하기를 꺼렸습니다. 남편에게 자신의 감정을 이야기하면 공감보다는 실수를 지적받게 되는 게 이유였습니다. 자신에 대한 남편의 평가를 듣게 되면 마음이 괴로워서 말하고 싶지 않다는 겁니다. 논리적으로 해결하려는 남편과는 도통 감정을 나누는 일이 어려웠습니다. 혜주 씨가 힘든 것은 남편의 지적이 자신이 바꿀 수 없는 것들이기 때문입니다. 그녀의 느린 말투, 외출 시 천천히 꼼꼼하게 준비하는 태도 등은 그녀의 오랜 성품입니다. 이를 지적하는 남편으로부터 그녀의 존재를 인정받지 못하는 것 같아서 남편의 평가에 점점 무기력해질 수밖에 없었습니다.

　시간이 지나면서 점점 혜주 씨는 자신의 감정을 잃고 남편의 감정을 자신의 것으로 받아들이고 있었습니다. 소중한 사람이 일방적으로 통제를 가하면, 사랑을 잃을까 봐 그 통제를 받아들입니다. 혜주 씨는 남편에게 자신의 감정의 통제력을 내어주어 남편의 말, 태도, 행동에 온통 흔들리고 힘들어했습니다. 남편이 그녀에게 했던 평가는 진짜 혜주 씨의 모습이 아닙니다. 자신의 기분과 감정 선택권이 자신에게 없다면 내 삶이 아니므로 안정될 수가 없습니다. 주도권을 잃은 혜주 씨의 불안정한 마음은 육아에도 이어졌고 아이들과 행복하게 보내야 할 시간이 불안하고 우울했습니다. 마음이 불편해지니 아이와의 시간을 피하고만 싶어진 겁니다.

내 마음을 잘 조절할 때 원하는 삶에 다가서게 된다

노자는 자신을 다스리는 사람은 온 세상을 다스릴 수 있다고 하였습니다. 자신의 내면을 통제하고 관리하는 사람은 외부 세계에도 영향력을 행사할 수 있다는 의미입니다. 자기 통제가 강한 사람은 자신의 삶을 더욱 효율적으로 관리하고, 다른 사람들과 더 나은 관계를 형성합니다. 자기 감정을 선택하는 것은 오직 자신뿐으로, 원하는 대로 통제할 수 있는 존재는 '나' 뿐입니다. 타인이 나에게 불쾌한 감정을 느끼게 할 때, 그로부터 영향 받지 않고자 자신의 감정을 조절하는 것은 성숙하게 대처하는 방법입니다. 자신의 감정을 선택하고 조절하면 내가 원하는 삶의 목표에 집중하게 됩니다. 자신이 꿈꾸고 원하는 삶은 감정적으로 안정된 상태에서 펼쳐집니다. 내 마음을 모르겠다면, 당신의 마음의 통제권을 다른 이에게 준 것은 아닌지 살펴봐야 합니다.

혜주 씨와는 자기 결정권을 위한 경계를 세우기 시작했습니다. 스트레스로 자신의 감정도 찾기 힘들었던 그녀와 자신이 가장 하고 싶은 것을 찾아보기로 했습니다. 그녀는 여행을 꼽았고, 여행은 결혼하기 전에 그녀가 가장 좋아했던 취미라고 했습니다. 그동안 그녀는 아이 둘을 육아하느라 한 번도 혼자만의 시간을 보낸 적이 없었습니다. 몇 년 만에 혜주 씨는 용기를 내어 남편에게 혼자만의 시간을 갖고 싶다고 하고, 친정 부모님의 도움을 받아 혼자 여행을 떠났습니다. 여행을 다녀온 후 다시 만난 혜주 씨는 한층 밝아 보였습니다. 혜주 씨는 여행을 통해서 휴식하며, 잃어버렸던 자기를 조금씩 찾아가기 시작했습니다. 그녀에게는 아직도 더 많은 시간이 필요하지만, 그녀의 표정에서는 예전처럼 지낼 것이라는 생각이 들지 않았습니다.

자신의 감정을 이해하는 것도, 감정을 변화시킬 수 있는 것도 자신뿐입니다. 혜주 씨도 여러분도 잊지 않으셨으면 좋겠습니다.

• 나를 찾을 수 있는 감정 한 문장

> "당신은 당신의 마음을 알고 있나요?
> 당신 감정의 통제권은 누구에게 있나요?"

6. 갖지 못할 완벽함에 대한 미련 버리기

"이 세상의 기쁨은 완전하지 않다. 기쁨에는 고통의 맛이 섞이고, 벌꿀은 쓴 즙을 가해서 만들어졌다."

로렌하겐

완벽은 시작도 하기 전에 포기하게 한다

지영 씨는 6개월 전부터 자퇴를 하겠다는 자녀 때문에 마음이 무너집니다. 아이에 대한 최소한의 믿음마저 없어질 거 같다며 상담을 신청했습니다. 그녀는 20년 직장생활을 대기업에서 한 후 남편의 직장 이동으로 인해 퇴사하게 되었습니다. 지영 씨의 아들 형준이는 올해 고등학교 1학년입니다. 어느 순간부터 형준이는 밤늦게까지 게임을 하다 잠들어, 다음 날 학교를 지각하거나 가지 않는 일이 발생하기 시작했습니다. 아침에 못 일어나는 형준이를 깨우는 일은 지영 씨에게는 몹시 힘든 것이 었습니다. 일어나지 않겠다는 형준이의 짜증과 화를 받아주기가 쉽지 않기 때문입니다.

엄마 때문에 억지로 상담실로 오게 된 형준이를 만나면서 저는 형준이가 학교를 그만두고 싶었던 것이 아니라는 것을 알게 되었습니다. 형준이의 학교에서 실시하는 과학 대회가 있었고, 과학을 좋아하는 형준이는 대회 신청을 하였지만, 막상 대회 날이 되자 형준이는 학교 가기를 싫어했습니다. 일어나지 않는 형준이를 지영 씨가 깨우자 형준이는 엄마에게 소리를 지르며 짜증을 냈습니다. 형준이의 반응에 영문도 몰랐던 지영 씨는 어떻게 해야 할지 당황스럽기만 했습니다. 형준이가 다니는 학교는 성취 경쟁이 높은 고등학교로 교내 활동이 대학 입시와 연결이 되니 모두 열심히 하는 분위기였습니다. 그런 친구들 사이에서 형준이는 점점 자신의 부족한 점만 보게 되었습니다.

"저는 잘하는 게 없어요. 얼굴도 별로고, 운동도 그렇고요. 공부도 잘하지도 못해요."라고 형준이는 자신을 소개했습니다. 하지만 실제로 형준이의 성적은 좋았습니다. 게다가 형준이는 진취적으로 친구들과 동아리도 만들어서 이끌어가는 리더십도 있었습니다. 교내 체육대회에서 모든 종목을 다 뛰는 운동도 잘하는 친구였습니다. 형준이가 말하는 것과 실제 형준이의 모습은 차이가 컸습니다. 상담을 진행하면서 형준이는 어렸을 때부터 잘해야 하고, 부족한 부분에 대해서는 꼭 개선해야 한다는 이야기를 많이 듣고 자랐다는 것을 알게 되었습니다.

완벽은 또 다른 완벽을 낳는다

완벽해지려고 하는 사람들에게는 몇 가지 특징이 있습니다.

첫 번째, 완벽한 사람들은 실수를 곧 실패라 여겨 실수에 대한 염려가 높습니다. 실수했을 시 자신에 대한 평가가 낮아질까 두려워합니다.

두 번째, 부모의 높은 기대입니다. 부모가 설정한 목표가 높아서 기준을 충족하기에는 스스로가 늘 부족하다고 생각합니다.

세 번째, 자기에 대한 엄격한 기준입니다. 스스로에 대한 평가의 기준을 중요하게 생각하며 그 기준도 높습니다.

네 번째, 어떤 일을 하는 데 있어서 매번 준수해야 할 자기만의 규칙이 있습니다. 이 규칙대로 하지 않으면 불안하고 잘 되지 않을 것이라는 신념이 있습니다.

지영 씨는 어린 형준이에게 잘한 것보단 부족한 부분, 보완해야 할 것을 더 많이 이야기했습니다. 그녀는 어릴 때부터 부모님의 높은 기대를 받고 자랐다고 했습니다. 부모님의 기대에 부응하고자 부단히 노력하며 학창시절을 보냈고 그 덕분에 명문 대학에 진학했다고 했습니다. 좀처럼 좌절 없이 살아온 그녀는 스스로에 대한 기준과 평가가 점점 높아졌다고 했습니다. 높은 성취가 자신의 성장이라고 생각하여 어떤 일이든지 시작하면 실수하지 않으려고 노력을 많이 쏟는다고 했습니다. 이러한 노력도 결혼 전 혼자일 때는 잘 되었지만, 자식은 뜻대로 되지 않아서 힘들다고 하였습니다. 자녀의 불성실한 태도는 성실했던 지영 씨로서는 받아들이기 힘들었고 회사 생활에 유능함을 발휘할 기회를 잃은 그녀가 자녀 양육에서는 실수가 반복되는 것 같아서 자신감을 잃어갔습니다. 이 상황을 누구보다 고통스럽게 느끼던 그녀는 아이의 변화를 시도하고자 많은 자료를 찾고, 사춘기 자녀와 관련된 발달 서적부터 대화법까지 여러 종류의 책도 함께 읽었습니다. 최대한 빠르고 효율적인 방법을 활용하여 나름의 기준을 가지고 최선을 다했지만 노력한 만큼 형준이가 달라지지 않아 모든 것이 자신의 잘못인 거 같다며 자신을 탓했습니다. 지영 씨의 완벽해지려는 성향이 형준이에게 많은 영향을 주고 있었습니다.

상담을 통해 형준이의 작은 변화들을 그녀에게 이야기해도 그녀는 거기에 만족하지 못했습니다. 그다음 단계를 위해서 빨리 나아가려고만 했습니다. 변화하는 과정에서 기쁨을 누리면 좋을 텐데, 완벽하게 하려는 높은 기준을 가진 그녀에게는 쉽지 않았습니다. 지영 씨처럼 완벽주의 성향이 높은 부모의 경우 자녀들이 하는 실수에 너그럽지 못한 경우가 많습니다. 그들은 자녀가 실수를 통해서 배워 다시 시작하는 과정을 온전히 기다리지 못했습니다. 아기는 걸음마를 배울 때 수없이 넘어지며 배웁니다. 알아듣지 못하는 옹알이로 자신의 의사 표현을 하고, 수천 번 반복하는 단어를 듣고 똑같이 말하는 법을 배웁니다. 부모는 이 과정을 실패라고 하지 않고 자연스럽게 넘어가는 발달 단계로 생각합니다. 실패 없이 성공을 이뤄온 사람들은 작은 시련에도 쉽게 깨지고 좌절합니다. 하지만 잡초처럼 자잘하게 실패해온 사람들은 쉽게 부서지지 않습니다.

누구나 그림 같은 혹은 100점짜리 인생을 꿈꿉니다. 이왕이면 좋은 조건, 최상의 결과, 실패 없이 좋은 감정만 지속하기를 바랍니다. 하지만 삶은 우리 마음대로 되어주지 않습니다. 당장 내일 우리에게 어떤 일이 일어날지 모르는 인간은 불완전한 존재입니다. 형준이에게 설정되었던 기준은 지나치게 높았습니다. 형준이는 높은 기준 때문에 못하는 것에 집중하게 되어 부정적인 감정과 불안감이 더해질 수밖에 없었습니다. 또한 자존감이 하락하고 열정과 동기가 낮아져, 실수를 통해 부족한 면을 보완할 수 있는 새로운 도전을 싫어했습니다.

가파른 오르막길을 오르다 보면 숨이 차오르고 힘이 듭니다. 형준이는 한참 숨이 차는 오르막길을 향해 올라가는 과정 중입니다. 지영 씨에게 그 길을 가겠다고 용기를 낸 형준이에게 박수와 격려를 보내야 한다고 했습니다. 지영 씨에게는 형준이를 돕겠다고 했던 지영 씨만의 완벽한 방법들을 내려놓으라고 주문했습니다. 어쩌면 그녀의 삶에서 처음으로 시도하는, 완벽을 버리는 시작일 겁니다. 형준이를 위해서 할 수 있는 노력은 형준이 뒤에서 묵묵히 따라가주는 것입니다. 올라가는 길목에서 형준이가 쉴 때는 같이 멈추고, 쉬는 시간이 길어진다고 해서 초조해하거나 빨리 서두르라고 재촉하지 말라고 했습니다. 어려움을 피하지 않고 맞서는 것도 자기 믿음과 신뢰가 심어지는 자존감을 높이는 길이라는 말도 함께 덧붙였습니다.

오지도 않을 완벽함은 이제 그만

삶에서 성공만 했다면 그것은 성공이 아니라 일상이 되어 얼마나 값진 것인지 알 수가 없을 겁니다. 우리가 실패를 딛고 일어나는 인물들에게 감동하는 이유는 그들의 삶 속에 기쁨, 슬픔, 희망, 절망, 실패, 좌절, 용기와 같은 풍성한 경험이 담겨 있기 때문입니다. 형준이를 만나는 시간에는 무엇을 해보라고 하지 않았습니다. 대신 형준이 자신이 노력해서 이뤄낸 것들 이야기를 할 때면 격려를 아끼지 않았습니다. 형준이의 작은 시도들에 용기를 북돋아주었고 아무것도 하지 않는 것보다 낫다고 했습니다. 설령 뜻대로 되지 않았더라도 자신이 할 수 있는 것을 한 것이니 충분하다고 했습니다. 형준이가 조금씩 밝아지는 것을 보게 된 지영 씨는 "선생님, 아무것도 안 하는 것이 힘들 때가 더 많았는데, 아무것도 하지 않아도 되는 것을 처음 배우게 되었네요." 말하며 웃었습니다. 그녀가 처음으로 완벽해지지 않으려고 해본 경험을 솔직하게 표현한 것이었습니다.

당신도 지영 씨와 형준이처럼 완벽해지려고 노력하고 있는지요? 그것이 무엇이든지 오지도 않을 완벽함을 기다리느라 오늘을 힘들게 보내지 않으셨으면 합니다. 자신이 할 수 있는 노력을 했다면 그것으로 충분합니다.

• 나를 찾을 수 있는 감정 한 문장

"내려놓고 싶지만 그러지 못한 것은 무엇인가요?"
"그것을 내려놓는다면 나에게 어떤 일이 생길 것 같은가요?"

7. 내 감정을 마주하는 방법

"자신을 깨달았을 때 비로소 남의 마음도 이해하게 되는 것이다."

에릭 호퍼

매일 마주하는 감정들

직장에서 허겁지겁 달려와 집에 도착하니 저녁 7시, 손을 겨우 씻고 아이들을 위해 저녁을 준비하기 시작하는 민희 씨는 한숨이 절로 나옵니다. 아침에 아이들을 챙겨놓고 출근해서 회사에서 정신없이 일을 쳐냈지만 다 끝내지 못한 일들을 남기고 집에 돌아와서 보니 집안일도 산더미처럼 쌓여 있었습니다. 하루하루가 이렇다 보니 피로감이 몰려오고 몸이 무거워지는 것은 너무도 당연한 일입니다. 민희 씨는 몇 해 전에 자궁근

종으로 수술을 하고 난 뒤로는 허리도 아프고, 종일 컴퓨터를 쳐다보고 온 후라 눈도 피곤하고 어깨도 뻐근합니다. 민희 씨가 원하는 것은 아무것도 하지 않아도 되는 잠깐의 쉼입니다.

아이들과 식사를 하고 설거지와 밀린 빨래, 집안일을 정리하고 소파에 앉으니 어느새 10시가 넘었습니다. 눈을 감고 한쪽 팔로 허리를 두드리며 "아이고 죽겠다." 하는 말과 한숨이 절로 나옵니다. 그 순간 남편에게 전화가 옵니다. 이제 집으로 귀가하고 있다는 말과 함께 저녁을 아직 먹지 못했다는 말을 전합니다. 전화를 끊자마자 다시 한 번 한숨과 짜증이 밀려옵니다. "아니 이 시간까지 밥도 안 먹고, 밥은 먹고 야근을 해야지!" 소리와 다시 몸을 일으켜 세워 주방으로 향해가는 발걸음이 무겁습니다. 이제 겨우 집안일에서 벗어나 좀 쉬려고 했더니 다시 시작해야 하는 것이 여간 지치는 게 아닙니다. 순간 민희 씨는 자신이 현재 짜증이 많이 나 있는 상태라는 것을 깨달았습니다. 남편도 지금 시간까지 저녁도 거른 채 일을 할 만큼 바쁜 일이 있었다는 것이 직장생활하는 민희 씨도 충분히 이해가 됩니다. 수화기 너머 남편의 목소리도 많이 지쳐 있었습니다. 몸이 피곤해 자신도 모르게 짜증이 나서 지금 상황을 부정적으로 생각하며 남편을 탓하는 자신을 알게 됩니다. '시원한 맥주 한잔을 마시며 늦은 귀가하는 남편과 저녁이나 먹으며 대화해야겠다.' 민희 씨는 생각하게 됩니다. 수화기를 들어 평소 남편이 좋아하는 치킨과 맥주를 배달시킵니다.

기다리는 동안 TV를 켜놓고 리모컨으로 채널을 돌리는 민희 씨는 '오늘 왜 이렇게 짜증이 많이 나지?', '회사를 그만둬야 하나?', '이렇게 하는 게 무슨 의미가 있지?' 눈은 TV 화면에 머물러 있지만 여러 가지 복잡한 생각들이 머릿속에 지나갑니다. '다 부질없다. 무슨 부귀영화를 누린다고 이렇게 살지!' 한숨이 절로 터져 나옵니다. 민희 씨 마음은 더욱 무겁게 가라앉는 기분입니다. '아침에 아이에게 화부터 내지 말았어야 했는데.', '최선을 다했지만 끝내지 못한 일, 그 일을 그렇게 처리하지 말았어야 했나?' 말끔하게 끝내지 못한 남은 일들이 떠올라 '내일 출근하자마자 다시 해결해봐야겠다.' 밀려드는 생각에 민희 씨는 점점 불편한 마음이 들어 기분이 나빠집니다. 몸이 단단해지는 긴장감과 가슴에 큰 돌덩어리가 앉아 있는 것처럼 답답해집니다. 그 순간 늦겠다는 남편이 배달음식과 함께 집으로 들어와 해결되지 못한 감정을 남긴 채로 남편을 맞이하게 됩니다.

남편과 앉아 맥주 한잔 마시면서 서로 아무 말 없이 TV를 봅니다. 맥주 한 모금이 민희 씨 답답한 가슴을 조금 뚫어주는 것 같습니다. 그것도 잠시, 조용하게 TV만 쳐다보던 민희 씨는 공허하고 외로운 감정이 올라옵니다. '참, 사는 게 뭐지?' 혼자서 중얼거리며 술 때문인지 눈물이 납니다. 그런 그녀를 본 남편이 "왜 그래? 무슨 일 있어?" 묻자, 눈물은 멈추지 않고 계속 흐릅니다. 그렇게 몇 분을 울고 나자 가슴이 좀 전보다 가벼워진 기분이 듭니다. 그제야 민희 씨는 남편에게 오늘 하루 있었던 이야기와 자신의 감정을 말합니다. 아침부터 자신이 늦어지다 보니 서둘러야 하는데 아이들이 따라주지 않아 화가 많이 났던 것과 퇴근 후에도 밀린 일에 지치고 피곤함이 몰려와서 짜증이 났었다는 말을 합니다. 회사에서도 해결되지 않은 일들에 머릿속이 복잡하고 마음이 답답해 계속 부정적인 생각만 났다고 말합니다. 이렇게밖에 생각하지 못하는 자신에게 실망감도 느끼게 되었다고 합니다. 그녀가 말하는 것을 묵묵히 들어주는 남편을 보면서 민희 씨는 안도감을 느낍니다. 남편이 평가하지 않고 들어만 주는 사실에 편안함과 머리가 맑아지는 기분까지 듭니다. 자신이 왜 이렇게 무거웠는지를 정리한 것 같아서 마음이 평화롭게 느껴집니다.

중년의 직장 여성이라면 민희 씨의 일상에 공감할 것입니다. 민희 씨와 비슷한 일상을 보내지만 우리는 그 순간 화를 내고, 자신과 타인을 탓하고 끝냅니다. 결국 늦게 귀가한 남편과의 다툼으로 하루가 마무리되었을 가능성이 큽니다.

매일 감정을 마주하는 것은 나를 이해하는 것

민희 씨는 40세 초반의 직장 여성으로 한 달에 한 번은 꼭 남편과 심한 다툼이 있다고 하였습니다. 그녀는 자궁근종 수술을 하고 난 뒤부터는 다툼의 강도가 더 심해져 지인의 소개로 저를 만나게 되었습니다. 그녀에게 우울한 감정이 생기면 어떻게 했는지 물어보니 그동안 풀어왔던 방법은 잠을 자버리는 것이었다고 했습니다. 그녀는 잠을 자고 나면 다음 날이 되면 다 잊어버리게 된다고 했습니다.

민희 씨의 일과에서 보았듯이 그녀는 자신에게 느껴지는 감정을 이해하려고 노력했습니다. 상담을 통해 민희 씨가 일상에서 실천했던 것은 자신의 감정을 회피하지 않고 마주했다는 것입니다. 그녀는 감정이 느껴질 때마다 감정에 이름을 붙여주었습니다. '지금 내가 화가 났구나.', '남은 집안일을 처리하느라 피곤하다.', '내일 해야 할 일에 막막하다.', '아이들에게 화를 낸 사실이 후회된다.', '내 선택에 실망스럽다.' 이렇게 감정을 불러주고 읽어주는 겁니다. 마주하고 싶지 않은 감정을 용기 있게 바라보면 마음이 한결 가벼워지는 것을 느끼게 됩니다.

"선생님, 제가 제 감정에 주의를 더 기울일수록 더 집중하고, 긍정적이게 된 거 같아요. 신기하게도 엄청 복잡하던 여러 가지 생각이 해결되지 않을 것만 같았는데, 가만히 저를 바라보며 내가 지금 화가 났네, 짜증을 내고 있네, 제 감정을 제가 알아주면 금세 그 원인이 찾아져서 해결이 빨리 돼요. 덕분에 남편과의 관계도 훨씬 좋아졌어요."

민희 씨는 자신의 감정의 카피라이터가 되고 난 뒤부터 남편과의 다툼이 현저하게 줄었습니다.

자신의 감정에 주의를 기울이면 그녀의 말처럼 내 삶에 더욱 집중할 수 있게 됩니다. 내면에 쌓인 복잡하고 어지러웠던 찌꺼기 같은 감정들을 말끔하게 청소하게 됩니다. 자신의 삶에 집중한다는 것은 온전히 현재 여기 머물러 사는 것으로, 변화는 이때부터 시작됩니다. 민희 씨도 이 변화를 시작으로 지금까지와 다른 중년의 삶을 기대하게 되었습니다.

옷장을 정리하듯, 내 감정도 정리하자

텍사스 대학교 페니 베이커 심리학 교수는 글쓰기를 통해서 자신의 우울증을 치료한 경험 이후로 글쓰기가 감정 처리에 미치는 영향에 대해

본격적으로 연구하였습니다. 그는 한 실험에서 두 개의 집단을 비교하였는데, 한 집단은 감정적으로 의미 있는 주제에 대해 글을 쓰도록 하였고, 다른 집단은 중립적인 주제에 대해 글을 쓰도록 지시하였습니다. 각 집단은 일주일 동안 매일 20분씩 글쓰기를 하였으며 글쓰기 이전과 이후의 감정 수준을 측정하였습니다. 실험결과, 감정적으로 의미 있는 주제에 대해 글쓰기를 한 집단이 감정조절을 잘하고 긍정적인 감정을 느끼는 것으로 나타났습니다. 이 연구 이외에도 페니 베이커 교수는 글쓰기가 우울증, 스트레스, 자신감 부족, PTSD 등 다양한 문제에 대한 치유에 효과가 있다는 것을 보여주었습니다.

페니 베이커의 연구결과로 알 수 있듯이 자신의 감정을 이해하는 방법으로 감정 일기를 쓰는 것이 도움이 됩니다. 글쓰기는 감정 표현을 도와주고, 글을 쓰는 동안 자기 내면을 탐색하면서 무의식적으로 억압되었던 감정이 해방됩니다. 글쓰기를 통해 자신의 감정을 이해할 수 있으므로 생각을 구조화하며 감정을 조절할 수 있도록 돕습니다. 페니 베이커의 연구는 글쓰기가 감정적 인식 조절과 관련된 뇌 영역의 활동을 증가시켜 정서적 문제와 신체 건강 문제를 예방하는 데 도움이 된다는 것을 보여주었습니다. 저 역시도 감정 일기를 쓰면서 가슴이 뻥 뚫리는 경험을 합니다. 글을 쓰기 전까지만 하더라도 기분이 바닥까지 떨어질 만큼 화가 났던 것도, 글쓰기 막바지에는 속이 시원하고 머리가 맑아집니다. 해결되지 않을 것 같았던 큰 문제들이 잘게 부서져 작은 문제로 보여 해결할 수 있다는 자신감이 생기는 경험을 합니다. 자기 감정에 대한 글을 쓰는 것은 옷장 정리와 같습니다. 몇 년째 입지 않았던 옷들은 과감하게 처분하고, 계절에 맞는 옷과 계절이 지난 옷의 자리가 바뀝니다. 뒤죽박죽 섞인 감정들을 글로 써 내려가면 어떤 것을 버려야 하고, 어떤 감정을 내가 더 알아줘야 하는지, 그 상황은 어떤 감정의 계절이고 어떤 태도의 옷을 입어야 하는지 알 수 있습니다. 넓은 관점으로 선명하게 내 감정을 그대로 받아들이므로 자연스럽게 정리가 됩니다.

감정 일기를 쓰는 법

저는 제 감정을 인식하기 위해서 저 혼자만 보는 공간에 일기를 쓰곤 합니다. 매일 쓰는 것이 아니므로 일기라고 하기에는 적절하지 않은 것 같기도 합니다만 그곳에는 제가 느꼈던 다양한 감정들이 쓰여 있습니다. 주로 글을 썼던 날은 제 마음이 불편하거나, 집중이 안 될 때 혹은 생각을 정리하고 싶을 때입니다. 글을 쓸 때는 떠오르는 대로 쓰고, 쓰고 난 뒤에는 다시는 읽지 않았습니다. 맞춤법, 문단 형식, 문맥 전개 이런 것은 전혀 신경 쓰지 않았습니다. 하고 싶은 말, 해야 하는 말, 무수히 많이 떠오른 생각과 그에 따른 감정들을 적었습니다. 어떤 날은 길게, 어떤 날은 짧게 몇 줄 썼었고, 글을 쓰는 데에는 30분 정도 시간을 활용했습니다. 글쓰기라고 하면 부담스러울 수 있지만, 누군가에게 보여주기 위한 멋지고 형식 있는 글이 아닌, 자신과의 솔직한 대화가 목적입니다.

감정 일기를 쓸 때는 매일 써야 한다는 부담감은 버리고 글을 쓰는 시간은 30분을 넘기지 않습니다. 펜을 이용해서 종이에 써도 좋고, 컴퓨터를 활용하여 문서 작성을 해도 상관없습니다. 내용은 자신이 겪었던 감정적인 경험들을 쓰는 것입니다. 오랜 시간이 흐른 것이어도, 오늘 있었던 일이라도 시간적인 배경도 상관없습니다. 글을 쓰는 과정에서 맞춤법, 내용, 형식은 무시하고, 마음속으로 떠오르는 대로, 생각나는 대로 씁니다. 쓰고 난 뒤에 다시 읽으면서 수정하거나 그럴 필요도 없습니다. 다 쓰고 난 뒤에는 버려도 되고, 문서 작성을 했다면 컴퓨터에 남지 않게 삭제해도 됩니다. 어느 쪽이든지 자신이 원하는 대로 하면 됩니다. 단순히 이 행동을 하는 것만으로도 묵은 감정들로부터 해방감을 느끼게 될 것입니다. 새로운 것을 배울 때 연습을 통해서 익숙해지는 것처럼 오늘

당신에게 느꼈던 감정의 이름을 불러보기도 하고 써보는 연습을 해보시

길 바랍니다.

• 나를 찾을 수 있는 감정 한 문장

> "오늘 당신에게 의미 있는 감정이 담긴 감정 일기를
> 딱 세 줄만 작성해보세요."

Mind
Reader

5장

당신 마음의
리더가 되어라

1. 지금까지 버텨준 당신 덕분이다

"고난이 있을 때마다 그것이 참된 인간이 되어가는 과정임을 기억해야 한다."

괴테

삶의 끝에서 느끼는 것들

살면서 내가 제대로 살아가고 있는지 뒤돌아보는 시점은 삶에 끝이 있다는 것을 경험하는 순간이 아닐까 합니다. 이 질문은 마흔쯤에 가장 많이 하게 되는 것 같습니다. 저도 그리고 제 친구 미경이도 그랬습니다. 몇 해 전 미경이로부터 오랜만에 전해온 소식은 어머니의 부고였습니다. 미경이의 어머님은 늦은 나이에 어렵게 첫아이로 미경이를 얻었습니다. 미경이의 아버지가 일찍 돌아가신 후 어머니 홀로 알뜰살뜰 사랑하며 미경이를 키워주셨습니다. 미경이 어머니의 죽음은 설명할 수 없을 만큼 미경이에게 큰 고통이었고, 저 역시도 가슴이 찢어질 듯 아팠습니다. 어머니가 돌아가신 이후부터 미경이는 병원 다니는 것을 힘들어했습니다. 병원에 가면 돌아가신 엄마가 생각나고, 엄마를 제대로 보살펴주지 못했다는 후회와 죄책감이 밀려온다고 했습니다.

미경이는 결혼하고 아이를 키우는 중에 자신이 더는 아픈 어머님을 병간호할 수 없게 되자, 요양병원으로 모셨습니다. 기저귀도 안 뗀 아이를 데리고 친정집과 한 시간 떨어진 거리를 날마다 다녀가는 것이 보통 일이 아닌데도, 한동안 어머님을 정성스럽게 병간호했었습니다. 그러던 중 혼자 계신 어머님이 쓰러지시는 일이 생겨 내리게 된 결정으로, 미경이가 그 순간 했던 최선의 선택이었습니다. 요양병원으로 어머님을 모신 이후에도 미경이는 병문안을 매일 다녔고, 그런 딸의 마음을 아셨던 어머님은 집으로 돌아가고 싶다는 말씀을 한 번도 한 적이 없다고 합니다.

소중한 사람을 잃은 상실감은 말로 설명할 수 없습니다. 저 역시도 미경이가 어머님을 보낸 후 얼마나 아프고 힘들었는지 그 깊이를 감히 다 알지 못합니다. 하지만 죄책감으로 아파하는 친구를 보며 말로 표현하지 못할 만큼 아득함이 밀려왔습니다. 분명 제 친구 미경이는 어머님께 최선을 다했습니다. 죽음은 우리가 선택할 수 없는 영역으로, 저는 미경이가 죄책감과 후회의 감정보다 어머님이 미경이에 주신 사랑을 기억했으면 좋겠다고 생각했습니다.

오늘이라는 시간은 어제까지 버텼던 당신 덕분에 생겼다

우리는 최선을 다해왔음에도 과거의 자기 모습에 대해서 나쁜 평가 합니다. 자신에 대해서 부족하고 부끄러운 기억들로만 자기 삶을 판단합니다. 되돌아보면 후회를 남긴 선택들은 당시의 최선이었습니다. 지금 후회를 하는 것은 과거의 나와 지금의 내가 달라졌기 때문입니다. 현재의 나는 과거와 비교해 지혜도 더 생겼고, 경험도 쌓여 방법이 다양하다는 것을 알고 있습니다. 다른 선택을 할 수 있다는 생각은 과거 그 경험으로부터 배움이 있었기 때문입니다. 하지만 다시 과거로 돌아가 다른 선택을 했었더라도 그 결과가 어떻게 되었을지는 알 수 없는 것입니다. 중요한 것은 지금 현재를 살아가고 있는 건 과거의 당신이 있었기에 가능하다는 것입니다.

우리가 놓치고 있었던 것은 그 결과를 책임지며 버텨온 건 자신이라는 사실입니다. 잘 버텨온 나는 자책과 비난이 아닌 칭찬을 받아야 합니다. 어려운 직장을 포기하지 않고 다닌 나에게 수고했다고 해야 합니다. 부족한 것 같지만 부모라는 이름으로 아이들을 지키고 있는 현재의 나에게 잘했다고 해야 합니다. 부부 사이가 소원해진 적도 많은 결혼 생활이지만 이 가정을 지키고 있는 두 사람에게 애썼다고 도닥여야 합니다. 지금 현재 그 자리를 지키고 있는 나를 격려해야 합니다.

잘 버텨온 나를 칭찬하자

이웃집 70대 할머니는 혼자서 살고 계십니다. 결혼 후 30대 나이에 남편이 갑자기 사고로 생을 달리한 후 혼자서 세 자녀를 키우며 그 긴 세월을 버티며 사셨습니다. 할머니의 노력 덕에 장성한 자식들은 각자의 삶을 잘 살아가고 있고, 할머니만 자식들이 떠난 그 집을 지키고 있었습니다. 어느 날 할머니께 돌려드릴 것이 있어서 댁을 잠시 방문한 일이 있습니다. 할머니께서 세제 뚜껑을 가지고 한참을 씨름하고 계신 모양이었습니다. 최근 들어, 세제 뚜껑이 예전과 달리 윗면에 꾹 힘을 주고 눌러 돌려야만 열리는데 그 사실을 몰랐던 할머니는 계속 뚜껑을 돌려도 도통 열리지 않는 세제 통 때문에 곤욕을 치르고 계셨습니다. 그리고 그때 "내가 이제 많이 늙었네. 이것도 혼자서 못하네." 할머니께서 혼자 하신 말씀인데도 제 귀에는 크게 들렸습니다. 조심스럽게 다가가 할머니께 달라진 것에 대해서 말씀드리고, 해보시라고 하니 꿈쩍 안 했던 뚜껑이 열려 기뻐하셨습니다. 그리고 저에게 당신이 살아온 지난 시간을 말씀하셔서 할머니의 속사정을 알게 되었습니다.

윈스터 처칠은 칭찬은 가장 큰 예술 중 하나이며, 그 예술은 진심으로 상대방을 인정하고, 그들의 능력을 이해하는 것이라고 하였습니다. 이야기를 들으며 할머니 역시도 그런 시간을 보냈으리라 생각되어 그날 할머니께 진심을 담아 그간의 노고를 인정해드리고, 칭찬해드렸습니다. 그런 제 이야기에 할머니는 한없이 눈물을 흘리셨고 저 또한 가슴이 뭉클해졌습니다. 칭찬은 긍정적인 자기 인식을 증진하고 자신감을 강화하는 데 도움이 됩니다. 어려운 상황이나 과정을 거쳐왔을 때, 그 결과로 자신이 더 나은 상태로 성장했다면 그것을 인정하고 축하해주는 것이 매우 중요합니다. 나의 일상적인 도전이나 어려움에 직면했을 때 문제를 해결하고 성취하는 태도에 귀 기울여줄 사람은 자신이어야 합니다. 자신에게 칭찬해준다는 것은 곧 자신을 받아들이고 인정하는 것으로, 스스로에 대한 사랑과 존중의 표현입니다.

지금부터 스스로 자주 칭찬하는 습관을 길러 더욱 행복하고 만족스러운 삶을 느껴보세요. 윌리엄 제임스의 말처럼 칭찬은 인간의 가장 기본적인 식량입니다. 지금까지 버텨온 당신에게 아낌없이 주는 칭찬 식량으로 배부른 오늘이 되시기 바랍니다.

• 나를 찾을 수 있는 감정 한 문장

"오늘 당신에게 해줄 칭찬 세 가지를 적은 후 당신에게 말해주세요."

2. 나를 위로하는 방법

"자신과의 불화는 원만한 대인관계를 유지하는 데 가장 큰 장애이다."

미상

나에게 관대하지 못할 때

인생을 살다 보면 열심히 살면서도 생각대로 안 될 때, 남들 앞에 자존심 상하고 체면 구겨지는 일도 많이 경험합니다. 할 수 있는 최선의 노력을 했어도 프로젝트가 성공하지 못해 낙담할 때도 있습니다. 회의 시간에 자존심 상하는 이야기를 들을 때도 있고 일 잘하는 사람들도 생각지 못한 상황에서 낯 뜨거운 피드백을 받을 때도 많습니다.

제가 참 좋아하는 후배 한주는 외국계 회사에 다닙니다. 후배의 승진

소식에 축하해주러 한걸음에 달려갔습니다. 누구보다 열심히 성장한 후배를 알기에 참 기뻤습니다. 몇 달 후, 오랜만에 만난 그녀의 얼굴은 높은 직위만큼이나 무거운 근심이 가득해 보였습니다. 후배는 일의 강도와 양이 많아지면서 하루가 어떻게 지나가는지도 모르고 일상의 패턴이 깨져서 새벽까지 잠을 잘 이루지 못하고 있었습니다. 비효율적으로 시간 관리를 하는 것 같아서 답답한데, 어떻게 해야 할지 모르겠다고 했습니다. 그녀가 관리해야 하는 팀원들의 수도 훨씬 많아져 승진이라는 자리가 만들어준 부담감이 꽤 커 보였습니다. 여행을 참 좋아하는 그녀에게 잠시라도 휴식을 취해보라고만 말을 남긴 후 헤어지고 돌아오는데 멀리 걸어가는 그녀의 뒷모습이 제가 알던 한주 같지 않아 마음이 많이 쓰였습니다.

다행히도 한주는 제 조언을 듣고 과감하게 휴가를 내고 여행을 다녀왔노라고, 여행지에서 기념 선물을 샀다며 저를 찾아왔습니다. 여행 때문인지 그녀의 얼굴에 생기가 가득해 보였습니다. 여행지에서 보낸 이런저런 이야기를 하다가 다시 그녀의 회사 이야기로 돌아가자 얼굴에 그늘이 지기 시작했습니다. 임원진들과의 회의를 마치고 나오면 자신이 한없이 부족하게 느껴진다는 겁니다. 어떻게 잘 이끌어가고 방향을 잡아야 할지 막막할 뿐이라면서요. 반면, 회사 내 한주의 선배 언니는 임원진 회의에서 그녀가 어떤 역할을 해야 하는지도 잘 보여주고 있어서 그녀가 부럽다고 했습니다. 한주는 승진한 지 겨우 3개월 차이고, 한주가 부러워하는 한주의 회사 선배는 자신보다 연차가 몇 년이다 더 된 분이었습니다. 잘 해내고 싶은 한주가 부러워하는 마음은 충분히 이해가 되지만 못하는 자신만 탓하는 것 같아서 안타까웠습니다. 타인의 실수는 관대하게 받아들이고 함께 도와주는 그녀인데, 자신에게는 엄격하게 트레이닝 하고 있었습니다.

이해가 되면 관대해진다

우리가 무엇인가를 배운다는 것은 그 분야를 처음 접한다는 것입니다. 인간에게는 공평하게 처음이라는 시간과 경험이 주어집니다. 한주가 부러워하는 그 선배도 한주처럼 처음이 있었습니다. 혼자서 물을 마시는 것을 배우는 아이는 컵을 잘못 잡아 물을 쏟는 일이 잦습니다. 컵 사용이 처음이니까요. 학교가 처음인 아이는 학교생활에 서툴러서 울기도 합니다. 학교가 처음이니까요. 갓난아이가 우는데 어떻게 해야 할지 몰라 초보 엄마도 함께 웁니다. 엄마가 처음이니까요. 새로운 것에 내가 놓일 때는 아이를 다루듯이 나를 바라봐줘야 합니다. 조금 서툴더라도, 부족해 보여도, 내 성에 차지 않아도 마치 부모가 자식을 배려하고 이해하듯이 말입니다.

명대사로 유명한 드라마 〈나의 아저씨〉에서 극 중 박동훈이 이지은에게 이런 말을 합니다.

"네가 대수롭지 않게 받아들이면 남들도 대수롭지 않게 생각해. 네가 심각하게 생각하면 남들도 심각하게 생각하고. 모든 일이 그래! 항상 네가 먼저야. 옛날 일 아무것도 아니야. 네가 아무것도 아니라고 생각하면 아무것도 아니야." 어떤 것이든지 처음일 때는 실패로 인한 좌절, 불안, 슬픔을 겪을 수 있습니다. 타인이 이런 경험을 할 때 우리는 위로하고 격려를 합니다. 타인을 대하듯이 나에게도 못한 것이 아닌 잘 해낸 것을 찾아서 지지해야 합니다. 저는 한주에게 누군가의 위로가 필요할 때는 자신에게 관대하지 못하기 때문이라고 했습니다. 이럴 때는 무엇보다 자신에게 너그러워져야 한다고 했습니다.

누군가의 위로와 격려가 필요한 순간은 나에게 자비를 베풀 때

관대해진다는 것의 전제에는 이해가 있습니다. 이해가 되면 자연스럽게 너그러워집니다. 자신에게 자비를 베푸는 것은 시선을 외부가 아닌 나에게로 옮기는 것입니다. 나의 중심으로 시선이 옮겨지는 순간 많은 문제가 해결됩니다. 자신을 바라봐주고, 있는 그대로 안아주는 정도만 해도 최소한 의미 없는 자기비하는 하지 않을 수 있습니다. 마흔은 자신에게 넉넉해져야 합니다. 앞으로 새로운 시도로 좌절하는 날도 있을 것이며 오늘이 지나 새날이 시작되는 내일은 우리에게 어떤 숙제가 주어질지 모릅니다. 우리의 새로운 날에는 새로운 것이 생길 것이고, 처음은 모두가 서툴 수밖에 없습니다. 서툰 자신에게 쓴소리하지 마세요. 격려하고 위로하는 마음과 감정을 자신에게까지 아끼지 마세요. 지금 누군가로부터 위로와 격려를 받고 싶은 순간이라면 내가 나에게 자비를 베풀 시간입니다. 내가 나에게 너그러워질 때, 타인에게도 진심 어린 자비가 가능해집니다.

• 나를 찾을 수 있는 감정 한 문장

"당신이 오늘 받고 싶었던 위로와 격려는 무엇이었나요?"

3. 나를 배신하지 말라

"마흔 살에 어리석으면 정말 어리석다."

에드워드 영

배신만큼 큰 좌절도 없다

인간관계에서 가장 중요하게 생각하는 것 중 하나는 신뢰입니다. 나이가 들수록, 경험이 쌓일수록, 신뢰라는 것은 사람과 사람 사이를 더욱 끈끈하게 만드는 역할을 합니다. 신뢰라는 끈이 떨어져 나갈 때 남겨진 상처의 흔적도 깊어 심리적인 고통을 받게 됩니다. 신뢰의 반대, 배신은 뒤통수를 맞았다는 표현으로도 쓰이며 배신의 경험은 사람과의 관계에 두려움을 갖게 합니다. 정신건강의학과 전문의 표현에 따르자면 배신을 범

죄로 비유한다면 '심리적 펀치기'에 가깝다고 합니다. 배신을 당하는 것은 죽음을 경험하는 것과 비슷할 정도로 지울 수 없는 상처를 남깁니다. 배신이 남긴 자리에는 '불신', '집착', '거짓', '비교'가 생기게 됩니다.

매번 배신당하는 사람은 자기에 대해 믿음이 없는 것이다

맹자는 사람은 반드시 자신을 모욕한 뒤에야 남을 모욕한다고 했습니다. 가만히 있어도 뒤통수를 맞는 일도 있지만, 사실 이런 경우는 많지 않습니다. 스스로가 자신을 배신할 때, 타인으로부터 배신당할 확률도 높아집니다.

중학교 1학년 아들을 키우고 있는 수정 씨는 이혼 후, 지금까지 친정어머니의 집에서 아이를 키우고 있습니다. 칠순을 넘긴 친정어머니를 보살펴야 하는 상황인데도 그녀는 어머니에게 모든 것을 의존하며 삽니다. 의존도가 높은 그녀는 타인으로부터 잘 속습니다. 누군가의 부탁을 들어주다 자신이 손해 보는 일이 한두 번이 아닙니다. 자신이 해줄 수 없는 상황에서도 거절하지 못하고 또 들어줍니다. 수정 씨에게 접근하는 사람들은 대체로 그녀를 이용하기 위해서입니다. 하지만 그녀는 그들을 불신하지 않습니다. 매번 속지만 다가오는 사람들을 거부하지 않습니다. 수정 씨는 경제활동을 하지 않고 그녀의 친정어머님의 벌이와 남동생의 지원으로 살아갑니다. 수정 씨의 남동생은 대학까지 나온 그녀가 홀어머니의 경제적 지원 속에서 의존적으로 사는 것을 한심하게 여기고 매번 타인에게 속는 것도 바보 같다고 생각합니다. 늙은 어머님이 돌아가시면 혼자서 조카를 키우고 살아갈 누나가 걱정되어서, 남동생이 상담을 의뢰한 경우였습니다.

"자신이 할 수 있음에도 과소평가하거나 자신의 능력을 무시하는 것은 아닌가요?", "상대에게 선택과 결정권을 주어서 생긴 것은 아닌가요?" 이 질문으로 자신에 대한 믿음 정도를 점검해보시길 바랍니다. 자신에게 기회조차 주지 않는 것은 자신을 성장시키는 가능성을 놓치게 합니다. 자신의 가능성을 인정하지 못하면 어떤 일이든지 불확실성과 부정적인 생각으로 자신감을 상실시킵니다. 타인에게 인정받는 것에 집착하여 상대의 요구가 나에게 어려운 것임에도 응해주는 것은 배신을 당하는 원인이 될 수 있습니다. 자신이 할 수 없는 영역까지 상대가 원하는 것을 들어주고 난 뒤 나에게 남는 것은 호구라는 비난뿐입니다. 거짓말은 진실을 숨기거나 왜곡하는 것으로 믿음과 신뢰를 잃게 하는 대표적인 행동입니다. 예를 들어 실패한 것을 인정하지 않거나 실패의 원인을 다른 사람들이나 환경에 돌리는 변명을 만들어내는 것들입니다. 나의 실패는 누군가의 배신 때문이라고 자신을 속이는 것은 아닌가요? 우리는 피하고 싶은 현실 앞에서 거짓말을 하게 됩니다.

제가 만난 수정 씨는 자신에게 어떤 기대와 목표도 없고 자기 삶을 살기 위해서 그 어떤 노력도 하지 않았습니다. 타인에게 이용당한 것도 자신이 베푼 선의라고 그녀는 생각했습니다. 수정 씨처럼 자신을 믿지 못하면 앞으로의 삶 속에 펼쳐질 새로운 도전, 기회를 받아들이는 것도 망설이며 주저하게 됩니다. 나를 믿지 못하는 태도는 타인도 불신하게 되는 결과를 남깁니다. 건강한 인간관계를 가꾸는 사람들은 자신에 대한 신뢰와 존경을 기반으로 우정과 사랑을 나누어 가집니다.

자신과의 신뢰를 맺는 방법

자기와의 신뢰를 형성하기 위해서는 나와의 관계가 건강해야 합니다. 다음은 건강한 나와 관계 맺는 네 가지 방법입니다.

첫째, 목표 설정하고 실행하기입니다. 자신의 목표를 설정하고 실행하는 것은 자신을 믿는 첫걸음입니다. 이를 위해 목표를 구체적으로 정하고 계획을 세워 지키고 실행하는 것이 중요합니다. 아주 작고 사소한 것이라도 점이 연결되어 선을 이루듯 첫 점을 찍어보는 겁니다.

둘째, 자신의 능력과 한계를 인정하는 것입니다. 가능성과 한계를 인정하는 것은 자신을 믿는 데 중요합니다. 나의 능력을 벗어난 도전으로 실패하는 것보다, 한계를 인정하고 성공하는 경험이 더 낫습니다.

셋째, 자신의 결정에 책임지는 것입니다. 자신이 내린 결정에 책임을 지는 것은 자신을 믿는 데 있어서 중요한 요소입니다. 그 결정이 원하는 결과를 얻지 못하여 실패하였다 하더라도 이를 계기로 성숙한 판단을 발전시킬 수 있습니다. 자신에게 거짓말을 하지 않는 것만으로도 더 빠른 회복과 성장을 할 수 있습니다.

넷째, 자신을 위한 시간을 가지는 것입니다. 자신을 위한 시간을 가지는 것은 자신의 감정과 생각을 정리하며, 자신에 대한 이해와 신뢰를 더욱 강화할 수 있습니다. 누군가와 비교가 될수록 자신과의 시간이 필요하다는 알림으로 이해하시고, 나와의 시간을 충분히 가지시길 바랍니다.

마흔에 가장 신뢰할 사람은 자신이다

많은 경험을 통해 우리는 성찰하고 성숙해집니다. 앞으로 어떻게 해야 그와 다른 결과를 얻을지 다음을 위한 고민도 합니다. 성장과 발전은 자신에 대해 믿음을 키우는 기회입니다. 자기 믿음을 토대로 새로운 것에 도전하고 나의 한계를 넘게 됩니다. 나에 대한 편견을 벗는 기회는 자신을 더욱 응원하게 만듭니다. 자신에 대해 믿음이 없다면, 우린 지금의 많은 것들을 지켜오지도 지켜나가지도 못했을 것입니다. 마크 트웨인은 나이는 마음의 문제로, 당신이 신경 쓰지 않는다면 그것은 문제가 되지 않는다고 했습니다. 중요한 것은 마음으로, 우리의 태도와 마음이 우리 삶을 결정합니다. 나이가 들어갈수록 자신에 대한 믿음은 더욱 강건해져야 합니다. 믿을 구석은 자신뿐, 자신의 진실한 지지자로서 중년의 삶을 더욱 단단하고 건강하게 채우시길 바랍니다.

• 나를 찾을 수 있는 감정 한 문장

"자신을 믿지 못할 때는 언제인가요?"

"그때 내가 느끼는 감정은 무엇인가요?"

4. 마흔은 상처를 놓아줄 때

"가장 큰 고통은 남에게 말할 수 없는 고통이다."

유태인 격언

우리가 겪었던 아픔들

인간이 살아가면서 어려움과 힘든 상황을 마주하게 되는 것은 불가피합니다. 모든 사람이 삶에서 고통을 느끼는 것은 자연스러운 일입니다. 어려움을 이겨내고 극복해나가는 것이 삶을 살아가는 과정이라고 할 수 있습니다. 하지만 과거 어린 시절의 어려움과 상처가 몇십 년의 시간이 흘러 어른이 된 나에게 고통을 줄 때가 있습니다.

어린 시절 부모님의 이혼으로 큰 충격을 받았던 선영 씨는 자신이 엄마가 된 이후로 삶이 정말 힘들어졌다고 합니다. 그녀는 초등학교 3학년, 3월의 어느 날 등교 전 엄마를 본 것이 마지막이었습니다. 그녀는 갑자기 변한 환경, 떠나간 엄마에 대한 그리움 때문에 아버지 모르게 많이 울었다고 했습니다. 어느 순간부터 아버지의 눈치를 보느라 엄마라는 단어가 집안에서는 금기어가 되었고, 아직도 생생하게 기억하는 그 날짜 때문인지 선영 씨는 새로 시작하는 3월을 싫어했습니다.

어린 시절 상처가 어른이 된 나에게 남긴 흔적

선영 씨의 아픈 기억이 다시 떠오르게 된 것은 결혼하고 아이를 양육하면서라고 했습니다. 남들보다 다소 늦은 나이에 출산하여 얻은 아이는 사랑스럽고 소중하지만, 아이를 볼 때마다 이유 없이 눈물이 흐르며 때로는 숨이 막힌다고 했습니다. 이는 산후우울증이 심각해져 생긴 증상으로, 처음에 선영 씨는 대수롭지 않게 받아들였다고 합니다. 시간이 지나면 좋아진다는 주변인들의 말을 믿고 이 시기가 지나가길 바랐습니다.

부정적인 정서가 남긴 기억은 우리의 뇌에 오래 각인되어 있습니다. 그녀의 증상은 어린 시절 소중한 존재인 엄마와의 이별로 인한 심리적 외상으로 보였습니다. 그녀처럼 사람으로 인한 상처는 재난, 질병의 고통보다 훨씬 크고 오래 남으며 심리적 외상은 겉으로 잘 보이지 않습니다. 선영 씨도 엄마라는 역할을 하기 전까지는 상처를 잘 숨겨왔지만, 출산 후 아이를 보면서 그 시절 느꼈던 엄마와의 이별이 남긴 부정 정서를 다시 경험하게 되었습니다.

어린 선영이의 상처는 누구에게도 이해받지 못했고, 어른 선영이도 자신의 아픔을 알지 못하고 있었기에 조절되지 않는 감정으로 그녀는 죄책감에 시달렸습니다. 감정을 누를 힘이 없게 되자 그동안 억눌러왔던 그녀의 감정이 폭발하게 된 것입니다. 선영 씨에게는 엄마를 잃은 상실에 대한 애도의 시간이 필요해 보였습니다. 부모라는 역할에는 큰 사랑과 많은 헌신이 필요합니다. 하지만 그녀는 엄마가 아이에게 사랑을 주는 것이 어떤 것인지 알지 못했습니다.

변화에는 고통이 따르기 마련이다

선영 씨처럼 어린 시절 상처 때문에 심리적 외상을 앓고 살아가는 어른들이 많습니다. 그들은 불편한 감정을 마주하고 싶지 않아서, 건강하지 못한 방법으로 해결합니다. 알코올에 의존, 게임 또는 도박에 과몰입, 쇼핑, 타인에게 애정을 갈구하는 등으로 문제를 더 키워갑니다. 어린 시절 상처를 받은 사람에게는 상처 받은 어린아이가 마음속에 살고 있습니다. 내면 아이는 어른이 된 나에게 자신을 위로해달라고 소리칩니다. 우린 그 감정이 느껴질 때마다 회피하거나, 도망치는 방법을 선택합니다. 성인이 된 나의 자아가 어떻게 해결해야 하는지를 내면 아이에게 안내하고 가르쳐줘야 합니다. 어린 나의 상처를 인정하되, 어른이 된 나의 삶에 영향을 주지 않도록 도와줘야 합니다.

어린 시절 받았던 상처를 극복하는 것은 쉬운 일이 아닙니다. 마음을 열고 사랑을 표현하는 것은 자기를 알아가는 의도적인 행동입니다. 하지만 어린 시절 상처가 있는 사람들은 대부분 마음을 닫고 무의식적으로 자신을 보호하려는 높은 방어벽을 쌓기 때문에 쉽지 않습니다. 마주하고 싶지 않은 어린 시절 감정들을 가까이에서 느끼는 것은 다시 고통을 만나는 것입니다. 이 과정을 통해서 미처 알지 못했던 어린 시절을 재경험합니다. 상처를 혼자 극복하기 어려울 수 있기에 혼자 하기 어려울 때는 전문가의 도움을 받는 것도 방법입니다. 숙련된 상담 전문가는 내담자가 상처를 극복하는 방법을 알고 있으며, 내담자의 치유와 회복을 돕습니다. 자신을 전적으로 믿고, 함께 지켜줄 지지자원이 생긴다면 새로운 인간관계를 맺는 연습을 할 수 있으며 자신의 상처를 극복하는 데 도움이 됩니다. 변화에는 달콤한 경험만이 존재하지 않습니다. 다이어트를 하기 위해서는 근육통과 식단을 조절하는 절제와 인내가 필요합니다. 경제적인 여유를 갖기 위해서는 절약하는 습관을 익히면서 소비를 줄이는 불편이 따릅니다. 변화는 기존에 가진 잘못된 습관을 수정하는 과정으로서 어려움이 따릅니다. 마음의 잘못된 습관도 마찬가지입니다. 이 인고의 순간들이 있었기에 변화는 더 가치 있고 값진 나의 자산이 됩니다.

선영 씨는 자신의 감정을 표현하는 것에 익숙하지 않았습니다. 특히 언어로 표현하는 것을 어려워했습니다. 저는 선영 씨의 깊은 상처를 치유하기 위해서는 저보다는 외상과 관련된 전문 상담을 하시는 선생님께 도움을 받는 것이 낫다고 생각했습니다. 선영 씨와 의논하여 제가 아닌 외상 상담 전문 선생님께 상담을 받도록 권유했습니다.

마흔은 어린 시절의 상처를 놓아야 할 때

이후 그녀에 대해 들었던 소식은 여전히 상담을 잘 받고 있으며, 선생님의 조언으로 어린 시절 자신에게 편지를 쓰고 있다고 했습니다. 차마 입으로 말하지 못했던 일들과 떠오르는 기억들을 하나씩 끄집어내어 그녀 자신에게 편지를 쓴다고 했습니다. 선영 씨가 쓴 편지를 소리 내어 자신에게 읽어줄 때도 있다고 합니다. 하염없이 눈물이 나서 한 문장도 다

읽지 못했던 날도 많았다고 했습니다. 그녀는 자신도 떠나간 엄마처럼 아이를 버리게 될까 봐 매우 두려웠다고 했습니다.

선영 씨가 겪었던 고통은 떠나보내야 할 과거입니다. 현재의 그녀는 그것을 이겨낼 수 있을 만큼 단단하고 충분히 좋은 엄마가 될 수 있는 사람입니다. 앞으로 선영 씨는 누구보다 건강한 엄마로서 아이들과 행복하게 보낼 것이라는 확신이 들었습니다. 마음속 상처 입은 어린 나와의 이별은 나를 위한 용기 있는 선택입니다. 이별은 곧 새로운 시작이라는 뜻도 담겨 있습니다. 당신의 다음 인생을 위한 첫 시작을 여시길 바랍니다.

• 나를 찾을 수 있는 감정 한 문장

> "아무에게도 말하지 못했던 어린 시절의 상처가 있었다면 이젠 그 상처를 치유하고 보내줘야 할 때입니다. 어린 날 당신은 아무 잘못이 없습니다. 지난 과거 때문에 오늘의 행복을 버리지 마세요. 당신은 당신이 생각한 그 이상으로 강인한 사람입니다."

5. 즐거운 감정을 찾아라

"누구라도 즐거움에 빠져 있을 때는 위선자라는 허울을 벗어 던지게 된다."

사무엘 존슨

중년에 찾아오는 위기

중년의 시기에는 인생에서 많은 변화가 있습니다. 40대 후반의 중년 여성은 생물학적인 신체 변화를 겪게 됩니다. 호르몬 분비가 감소하며 불규칙해지고 여성호르몬의 부족으로 우울증과 감정 변화가 더욱 커집니다. 남성들의 경우 남성 호르몬의 감소로 인한 성욕 감퇴, 집중력 저하, 불면증, 자신감 상실, 피로와 같은 갱년기 증상을 겪게 됩니다. 이러한 신체적 변화들은 부부 사이에도 영향을 주며 작은 것에도 서로 서운해지기도 합니다.

　최근 한국 사회는 1인 가구 증가로 사회적 문제점들도 많아지고 있습니다. 혼자 사는 사람들은 종종 고독함과 적응의 어려움을 경험합니다. 중장년층인 50~60대의 1인 가구는 다른 연령보다 우울 수준과 자살 생각이 높은 취약계층입니다. 그들은 사회 활동이 줄어들면서 홀로 보내는 시간이 나이가 들수록 늘어납니다. 중년에는 친구와 함께 모이는 자리를 마련하기가 쉽지 않다 보니 가끔은 나를 이해해주는, 마음이 편안해지는 사람이 그리울 때도 있습니다.

인생 후반기에는 친구를 대신할 취미가 필요하다

　중년에는 친구를 대신할, 마음이 편안해지는 취미를 사귀는 것이 필요합니다. 취미 생활은 친구처럼 소통과 연결의 기회를 줍니다. 감정의 극적인 변화를 겪게 되는 중년 부부의 경우, 서로의 관심사와 취미를 공유하고 함께 시간을 보내는 것이 유연성과 균형을 유지하는 데 도움이 됩니다. 부부의 노후에도 변화를 현명하게 극복하는 데에는 운동, 여행, 취미 생활 등을 같이하는 것이 좋습니다. 혼자 사는 중장년층의 문제를 줄이는 방법에도 취미 생활은 도움이 됩니다. 적극적인 취미 생활을 해갈 경우, 활력과 에너지를 유지하는 원동력이 됩니다. 취미 생활로 스트레스를 해소하고 긍정적인 감정을 느낄 수 있어 정신적, 신체적 건강에 도움이 됩니다.

연구에 따르면 원하는 취미 활동을 하는 사람들의 감정은 안정적인 것으로 보고되고 있습니다. 또한, 취미 생활은 규칙적으로 매일 꾸준히 하는 것이 좋습니다. 한국갤럽에서 한국인이 가장 좋아하는 나이별 취미 생활을 조사하였습니다. 이를 통해 10~30대 남성은 '게임', 10~30대 여성은 '음악 감상'으로 나타났습니다. 40대 이상은 남녀 모두 '등산'이 1순위로 조사되었습니다. 등산은 2004년, 2014년, 이어 2019년까지 한국인이 좋아하는 취미 1위에 올랐고, 50대에서도 '등산'을 꼽았습니다. 이 결과를 통해서 40대 이상 중년의 남녀 모두 건강을 관리하는 취미 생활을 선호한다는 것을 알 수 있습니다.

80세에도 건강하려면

80세가 다 되신 시아버지께서 키가 큰 화분을 오일장에서 구매해 거실에 두었다며 근황을 전해주셨습니다. 저는 아버님께 어떤 연유로 그러하셨냐고 여쭤보았습니다. 아버님께서는 적적하기도 하고, 화초를 키워보고 싶었다고 말씀하시며 수줍은 듯 웃으셨습니다. 웃으시는 아버님의 말씀에는 여러 가지 의미가 담긴 것처럼 들렸습니다. 쑥스러우면서도 자랑하고 싶은 마음과, 또 한편으로는 자신이 한 선택이 잘못된 것인지 확인도 하고 싶어 하신 듯했습니다. 저는 화초가 쑥쑥 자라는 걸 보면 기분도 좋아지고 생기도 있으니 아버님께 잘 하셨다고, 아버님의 편을 들어드렸습니다. 아버님의 선택을 강력하게 지지해드리니 아버님은 화통하게 웃으면서 "그렇지. 그렇지." 하며 안심하셨습니다. 평생 아끼고 절약하시는 것이 몸에 밴 아버님께서 자신에게 처음으로 하시는 사치, 아니 취미 생활인 것 같았습니다.

　노년이 되면 한해가 지날수록 신체 움직임과 기억력과 같은 인지 기능이 떨어집니다. 은퇴한 후에는 정기적인 경제 활동이 사라지게 되면서 자신이 예전 같지 않다는 것에 위축됩니다. 자식들의 눈치도 보게 되어 조심스러워지고, 배우자가 없이 혼자 계신 경우 외로움은 두 배로 커집니다. 초고령 사회, 100세 시대에는 오래 사는 것보단 건강하게 사는 것이 중요합니다. 현재 치매 환자는 가족의 문제가 아닌 사회적 관심 대상으로 자리 잡게 되었습니다. 신체를 움직이는 유산소 운동, 뇌를 자극하는 새로운 것을 배우는 활동들, 감정을 교류하는 만남이 사회적 고립 예방에도 도움이 됩니다. 건강한 노년을 위해서는 취미 생활을 적극적으로 찾아서 즐겨야 합니다.

나이가 들수록 즐거운 감정을 자주 느껴야 한다

중년에는 우리 스스로 어떻게 하면 더 괜찮은 노후의 시간을 가질 수 있을까 고민해야 합니다. 정신건강의학과 전문의 김창기 선생님은 행복하게 나이 들어가는 것과 관련하여 "윤택한 노년을 위해 배움의 즐거움을 배워야 합니다."라고 했습니다. 호기심이 없어지는 순간 늙은 것이라는 말이 있듯이 사물을 새롭고 다르게 인식할 수 있는 능력은 활력과 변화가 없는 노년에 젊음을 선사해줍니다. 우리는 끊임없이 일하며 노력하는 것에 집중하느라 즐거움을 제공하는 데에 소홀했습니다. 삶이 즐거울 때 우리는 행복해집니다. 삶을 살아가는 목적이 행복이라면 나의 행복을 위해 나는 무엇을 할 수 있는지 생각해보셨으면 합니다. 우리에게도 노년기는 곧 다가올 미래입니다. 새로운 것을 배우는 연습을 시작하여 자신에게도 즐거움을 느끼는 시간을 자주 주시길 바랍니다.

• 나를 찾을 수 있는 감정 한 문장

"당신에게 즐거움을 주는 것들 세 가지를 찾아서 써보세요."

6. 나를 용서해야 후회 없는 삶이다

"용서는 용기 있고 용감한 사람을 위한 것이다. 죄를 용서할 만큼 강한 사람만이 사랑하는 법을 안다."

마하트마 간디

50년이 지나서야 깨달은 것

어머님께서 최근 동창 모임에서 충격적인 친구의 사연을 듣게 되셨습니다. 어머님의 친구는 하나밖에 없는 아들을 지병으로 여읜 후 곧이어 아내와도 사별하게 되었다고 했습니다. 어머님의 친구분은 아들을 잃은 후 아내도 잘못되지 않을까 하여 오랫동안 슬픔과 염려로 시간을 보냈다고 했습니다. 아들을 떠나보낸 후부터는 살고 싶어서 사는 것이 아니라 살아져서 살았다고 했습니다. 고인의 된 그분의 아드님은 마지막으로 눈을 감을 때 이런 유언을 남기셨다고 합니다.

"아버지, 어머니, 저를 위해 할 수 있는 것을 다 해주셔서 감사했습니다. 제가 없더라도 부모님께서 마음 아프거나 힘들지 않길 바랍니다. 아버지, 어머님, 사랑합니다." 어머님께서는 친구의 이야기를 듣고, 그동안 자신의 삶이 고달프다며 억척스러운 자신의 운명을 탓하고 화와 분노로 삶을 가득 채우셨던 것을 부끄러워하셨습니다. 그 말씀을 하시며 자신을 이해하고 수용하였더라면, 더 지혜롭게 너희들도 키웠을 거라며 미안해하셨습니다.

내 마음을 성장시키는 것은 내가 나를 공감할 때

저는 20살 때 누군가의 관심과 격려를 필요로 했지만 부모님에게 받을 수 없었으니 타인으로부터 그것을 채우려고 했습니다. 타인이 저를 이해해줄 때, 내가 참 괜찮은 사람이라는 생각을 하며 마음이 편안해지곤 했었습니다. 나이가 드니 제가 관심이 받고 싶을 때, 격려를 듣고 싶을 때마다 타인으로부터 받을 수 있는 것이 아니라는 것을 알게 되었습니다. 몸이 자라듯 마음도 성장하는 해야 한다는 것을 이해하게 된 후, 내가 나를 공감하는 것이 마음을 성장시키는 힘이 된다는 것을 알았습니다.

지민 언니는 작은 아이가 초등학교에 입학할 때, 남편과의 갈등으로 이혼을 하게 되었습니다. 그녀의 사정을 익히 알고 있었던 저는 아이들을 위해 정신과 약을 처방받으며 버텨내는 지민 언니가 늘 마음에 쓰였습니다. 급기야 그녀가 자살 시도를 하게 되는 일이 발생하자 그녀의 친정 부모님은 딸의 안전을 위해서 이혼이라는 결정을 하도록 권유하게 되었습니다. 지민 언니는 이혼의 조건으로 아이들의 양육권을 아이 아버지에게 주었습니다. 아이들을 두고 집을 떠난 그날은 매일 밤 언니의 꿈에 나타난다고 했습니다. 어느덧 아이들은 장성한 성인인 되었음에도 언니는 여전히 아이들에게 미안함과 죄책감을 느끼고 있습니다. 아이를 두고 온 이후부터 그녀의 삶에서는 기쁨, 행복, 즐거움과 같은 긍정적인 감정들은 아예 허락되지 않았습니다. 지민 언니는 세상 누구보다 자신을 미워하는 가혹한 벌을 자신에게 내렸습니다. 엄마의 슬픈 모습을 줄곧 보고 자란 성인이 된 딸 예지는 엄마의 마음을 이해하고 있었습니다.

어느 날 언니는 큰딸 예지의 생일을 맞이해서 함께 식사했습니다. 식사를 마친 후, 지민 언니의 딸 예지는 "엄마, 그만 아파해도 돼."라고 쓰인 편지를 언니에게 주었다고 했습니다. 예지는 한집에 엄마와 살지 못해서 슬픈 날도 많았지만, 엄마는 내 도움이 필요하면 언제든지 달려와

주어 예지의 기억 속에는 엄마와 늘 함께였다고 했습니다. 예지는 지금부터라도 엄마가 행복하고 멋진 엄마로 살았으면 좋겠다는 말도 하였다고 합니다. 지민 언니는 딸 예지의 도움으로 몇십 년이 지나서야 죄책감이란 감옥에 갇혀 있던 자신을 풀어줄 수 있었습니다. 지민 언니는 그 이후 사랑하는 것들을 지키기 위해서는 자신을 지켜야겠다고 결심했습니다.

후회 없는 삶은 나를 이해하고 용서를 했을 때 가능하다

잘 되는 것도, 그렇지 않은 것도 적절한 때와 조건들이 맞아 떨어져서 일어납니다. 원숭이도 나무에서 떨어질 때가 있는 것처럼 우리 삶도 운이 따라주지 않으면 안 되는 것이 더 많습니다. 타인을 함부로 대하는 사람은 나쁘다고 하면서 자신은 왜 그렇게 모질게 몰아세울까요? 이혼을 한 사람은 행복하면 안 되는 것일까요? 사랑하는 사람을 잃은 사람은 남겨진 삶도 포기해야 하나요?

어머님께서는 동창분의 말씀을 전하시면서 세상과 이별하는 순간을 맞이할 때 후회 없이 떠나려면 자신에 대한 이해와 용서가 필요하다고 하셨습니다. 타인에 대한 미움과 원망도 자신을 먼저 용서하게 되면 다

되는 것이라고 덧붙였습니다. 모든 것이 당신 탓이 아닙니다. 죄책감으로 당신을 힘들게 내버려두지 않았으면 좋겠습니다. 가장 먼저 나를 용서하고 이해해주세요.

• 나를 찾을 수 있는 감정 한 문장

"세상과 이별하는 마지막 순간에 자신에 대해
용서하고 싶은 것들은 무엇인가요?"

7. 환갑이 된 내가 마흔이었던 나에게

"해야 할 것을 하라. 모든 것은 타인의 행복을 위해서, 동시에 특히 나의 행복을 위해서이다."

톨스토이

내가 죽고 난 뒤에 나를 기억으로 남길 때

Q : 엄마가 세상을 떠나실 때 마지막으로 하고 싶은 말은?

A : 엄마가 나한테 물어본 질문이 있잖아. 너에게 엄마는 좋은 엄마냐고? 엄마는 정말 좋았고, 엄마는 하나뿐인 나의 엄마야. 엄마! 꼭 천국 가길 바라. 엄마는 좋은 일 많이 했으니까. 엄마! 세상을 떠나도 나 꼭 지켜봐줘! 정말 사랑해.

Q : 엄마가 이 세상을 떠나시고 2년 뒤 나는?

A : 엄마가 있는 나무에 가서 엄마와 함께 이야기 나누고 싶다. 엄마는 잘 지내? 나는 정말 잘 지내. 엄마! 내 걱정하지 말고 행복하게 지내. 사랑해.

어버이의 날을 맞이해서 학교에서 아이들에게 작성하라고 내준 편지에 쓴 제 아이의 글입니다. 제가 이 세상에 없더라도 아이는 저를 좋은 엄마로 기억해준다는 것에 참 감사했습니다. 제가 죽음을 맞이하는 순간, 세상에 태어나 가장 잘한 일은 아이에게 이런 기억을 남긴 것이라는 생각을 할 것 같습니다. 저는 죽음과 관련하여 아이들과 이야기를 나누며 아이들에게 유언 아닌 유언을 남겼습니다. 가끔 혼자서 맞이하는 죽음과 제가 세상에 없는 것을 상상하면 지금이 기적 같아서 감사함에 눈물이 나오곤 합니다. 다가올 미래를 생각하면 현실이 더없이 소중하게 느껴질 때가 많습니다. 아직 가보지 못했지만 20년 뒤, 환갑이 된 나는 어떤 모습이었으면 좋을까? 생각해봅니다. 마흔에는 스무 살 때의 그 시절을 그리워했다면, 20년 뒤 제 나이가 환갑이 된다면 지금의 마흔이 더 그리울 것 같습니다. 바라는 것이 있다면 환갑이 되었을 때, 20년만 더 젊었으면 하는 아쉬움을 느끼거나 마흔의 시간을 후회하고 싶지는 않습니다.

몇 해 전, 백상예술대상에서 배우 김혜자 님의 수상소감을 듣고 뭉클한 적이 있습니다. 그녀의 수상소감은 저뿐만 아니라 많은 이들에게 감동을 주었습니다.

"내 삶은 때론 불행했고 때론 행복했습니다. 삶이 한낱 꿈에 불과하다지만 그럼에도 살아서 좋았습니다. 새벽에 쨍한 차가운 공기, 꽃이 피기 전 부는 달큰한 바람, 해 질 무렵 우러나는 노을의 냄새, 어느 한 가지 눈부시지 않은 날이 없었습니다. 지금 삶이 힘든 당신, 이 세상에 태어난 이상 당신은 이 모든 걸 매일 누릴 자격이 있습니다. 대단하지 않은 하루가 지나고 또 별거 아닌 하루가 온다 해도 인생은 살 가치가 있습니다. 후회만 가득한 과거와 불안하기만 한 미래 때문에 지금을 망치지 마세요! 오늘을 살아가세요! 눈이 부시게, 당신은 그럴 자격이 있습니다.

누군가의 엄마였고 누이였고 딸이었고 그리고 나였을 그대들에게."

그녀가 드라마 〈눈이 부시게〉의 대사를 인용한 수상소감을 선택한 이유는 오늘을 어떻게 사는 것이 후회 없는 삶인지를 알려주고 싶어서였다고 생각했습니다.

우린 추억을 회상하고, 지난 과거에 머물러 있는 경우가 많습니다. 이번에는 20년이 훌쩍 지나 환갑이 된 미래의 자신을 상상해보는 시간을 가져볼까 합니다. 잠시 상상해보세요. 20년 뒤 환갑이 된 당신은 지금의 마흔의 나에게 어떤 말을 하고 싶을까요?

환갑이 된 내가 마흔이었던 나에게

우리의 마흔에게,

당신은 마흔의 나이가 많다고 생각할지 모르겠지만, 아직 젊고 활기찬 시기라는 것을 잊지 마세요. 40대의 삶은 다양한 가능성과 모험을 할 수 있습니다. 지금까지 많은 도전과 역경을 극복하며 성장해왔고, 당신은 아주 지혜롭고 멋진 사람입니다. 그 경험과 지식으로 자아를 발견하고 새로운 도전을 멈추지 마시길 바랍니다. 이 시기가 지나가면 더 어려워집니다. 나이가 들었다는 것은 또 다른 한편으로는 더 많은 자유와 가능성을 가지게 되었다는 뜻이기도 합니다.

마흔은 많은 압력과 책임이 따르는 시기입니다. 직장에서의 승진이나 가족의 요구 등 다양한 과제들이 있을 텐데, 그런 것들로 자신을 가둬두지 마세요. 자신이 원하는 가치에 더욱 집중하려고 노력하세요. 당신의 그 꿈을 실현하는 데 자신을 들여놓으시길 바랍니다. 자신을 위한 시간과 관심을 가질 기회를 만드는 것을 기억하세요. 삶을 향한 비전과 꿈을 다시 발견하고, 새로운 도전에 나서는 것을 두려워 마시길 바랍니다. 자신의 가치가 담긴 꿈에 한 번도 도전하지 못한 것은 평생 가슴에 남겨진답니다.

가족과 사랑하는 사람들과의 관계를 소중히 여기세요. 늘 그 자리에 있는 사람들이 아니랍니다. 시간이 흐를수록 가족과 친구가 더욱 소중한 존재가 될 거예요. 함께 보낸 시간과 추억은 평생 가슴에 새겨질 소중한 자산이 됩니다. 그러니 더 많은 사랑과 관심을 가지고 사랑하는 사람들과 함께하세요. 부끄러워하지 말고 그들에게 사랑과 감사의 표현을 자주 많이 하세요. 마음의 부자가 되는 지름길입니다.

40대는 건강에 관한 관심을 가질 때가 되었어요. 나이가 들어갈수록 건강해야 행복해집니다. 건강이 없다면 다른 모든 것들은 무의미해집니다. 몸과 마음의 건강을 유지하기 위해 규칙적인 운동과 올바른 식단을 유지하는 것은 매우 중요합니다. 또한, 마음을 편안하게 유지하기 위해 나의 감정에 솔직해지는 것도 잊지 말아야 합니다. 자신의 몸과 마음을 챙기는 습관을 기르는 것을 시작하세요.

40대는 자기계발과 성장을 위한 좋은 시기입니다. 새로운 취미나 관심사를 찾아보고 자신의 잠재력을 발휘해보세요. 계속해서 배움과 성장을 추구하는 것은 평생 발전을 위한 투자입니다. 자신의 가능성을 믿고 꿈꿔보세요.

오늘은 남은 날 중 가장 젊은 순간임을 기억하세요. 우리의 내일이 앞으로 남은 가장 젊은 날이 되는 것처럼, 앞으로 우리는 담아야 할 젊은 날이 더 많습니다. 60세 우리에게는 마흔의 당신은 젊고 멋져 보입니다. 오늘의 자신을 사랑하고 소중히 여겨주세요. 자신의 가치를 인정하고 행복을 위해 노력해주세요. 격려와 칭찬을 마음껏 해주세요. 스스로조차 이해하지 못한 채 휩쓸려 와서 황망하게 보내버린 시간이 아닌, 진짜 자신의 삶으로 채워진 오늘이길 바랍니다. 아름답게 나이 들기 위해서는 나의 마음을 잘 이해하는 마음의 성숙도가 높아야 합니다. 오늘 하루 당신이 쌓은 모든 것들에 대한 감정을 이해하고 자신을 마주하고 받아들이는 용감한 자세를 키우세요. 내 마음속 감정과 제대로 대화가 될 때 자유를 얻게 됩니다. 지금부터 타인의 안부를 묻듯이 나의 마음에도 안부를 물어주세요. 당신의 40대가 많은 가능성과 풍요로움으로 가득해지길 바라며, 우리의 마흔의 여정이 의미 있는 것으로 이어지길 바랍니다. 마지막으로, 나의 40대에 참 감사합니다. 당신의 마흔의 노력 덕에 환갑이 참 행복합니다.

사랑과 격려를 담아

우리의 60살로부터,

"마흔 당신에게 용기를 주는 한 문장을 만들어보세요."